부동산으로 상처받기보다

부동산으로 행복했으면 좋겠습니다.

표영호

뉴스에서 절대 말하지 않는

K-부동산 팩트체크

일러두기

- 이 책에서 다루고 있는 데이터는 2023년 3월을 기준으로 합니다.
- <표영호TV> 수석연구원 남동철과 선임연구원 이태힐이 조사를 도왔습니다.
- 부록에서 다루고 있는 지역별 아파트는 소셜 빅데이터 회사 '타파크로스'의 데이터를 활용했습니다.

뉴스에서 절대 말하지 않는

K-부동산 팩트체크

표영호 지음

21세기북스

• PROLOGUE •

부동산, 뜨겁게 사랑하고 차갑게 바라봐라

2021년과 2022년 사이 초급등한 부동산의 버블이 꺼지고 있다. '버블'이라는 단어는 17세기 초 윌리엄 셰익스피어가 희곡《뜻대로 하세요》에서 비눗방울처럼 부서지기 쉽고 공허하면서 쓸모없는 걸 뜻하는 형용사로 쓰면서 널리 알려졌다. 경제학적 측면에서 버블이라는 용어는 공식적으로 정의된 적은 없기에, 쓰는 사람에 따라 버블의 의미는 조금씩 달라질 수 있다.

다만 버블에 꼭 부정적인 뜻만 있는 것은 아니다. 버블 속에서 부자도 빈자도 태어나며, 부자가 빈자가 되기도 하고 빈자가 부자가 되기도 한다. 그렇기 때문에 순기능과 역기능이 동시에 존재하는 단어가 버블이라고 나는 생각한다.

››››

부동산 버블 속에서 당신은 이익을 봤는가 아니면 손해를 봤는가? 혹은 훌쩍 높아진 금리에 시름에 잠겨 있는가? 어떤 상황에 있든 많은 사람의 관심은 부동산에 쏠려 있다. 부동산은 또 오를 것인가? 하락은 언제까지 이어질까? 반등이 오기 전에 나는 무엇을 준비해야 할까?

우리의 지식과 정보는 하루가 다르게 재생산되기 때문에 조금만 지나도 과거의 일이 되어버린다. 내가 알고 있던 것이 지금은 쓸모없는 것이 될 수 있다. 따라서 어떤 분야에서 일을 하든 늘 새롭고 경이로운 것에 관심을 두어야 '낡은' 사람이 되지 않는다. 새로운 정보나 지식을 습득하면 마음과 정신이 낡을 새가 없다.

부동산 투자에 성공하려면 정보가 필수고, 그다음으로 결정할 수 있는 용기가 따라 줘야 한다. 그러나 부동산은 등락의 주기가 길고 주식을 사고팔 듯 매매할 수 있는 것도 아니기에 매매 시점과 그에 맞는 계획을 수립하고 실행에 옮기는 일이 중요하다.

시기도 중요하지만 어디에 있는 부동산을 살 것인가도 매우 중요하다. 예를 들어 최근 강남을 벗어나 강북으로 터를 옮기는 기업들이 늘어나고 있다. 광화문, 성수동, 용산 그리고 을지로가 대표적인 선택지인데 그것은 유행처럼 번지고 있다. 특히 샤넬, 지방시, 발렌티노 같은 명품 기업들마저 강남을 벗어나고 있다는 것에 주목할 필요가 있다.

이들 기업은 왜 강남을 벗어나 강북으로 터를 옮기고 있을까? 강남의 오피스는 임대료가 터무니없이 비싸기 때문이다. 강북은 강남보다 임대료가 싸기 때문에 오히려 차후에 지가 상승을 더 누릴 수 있다는 판단도 한몫하고 있는 것이다. 이런 흐름을 파악한다면 부동산을 고르는 눈도 더 밝아질 것이라고 본다.

무엇이든 절실한 것은 절실한 만큼 쉽게 내게 오지 않는다. 사랑도 그러하듯 부동산도 마찬가지다. 아무리 책을 읽고 강의를 들어도 계획하고 실행에 옮기지 않으면 결코 원하는 부동산을 가질 수 없다. 부동산을 뜨겁게 사랑하되 차갑게 바라보며 마음속에 그림을 그려나가야 한다.

이 책에서는 뉴스에서 말하지 않는 내용을 가감 없이 말하려고 노력했다. 책 쓴 시점과 출간 시점의 차이로 인해 이 책에서 소개한 여러 데이터에 약간의 오차가 있을 수는 있으나, 큰 흐름은 다르지 않다고 보면 될 것이다.

부동산은 국가의 기간산업이라고 해도 과언이 아니다. 또한 부동산에는 사유재와 공공재의 성격이 공존한다고 봐야 한다. 이

책은 이런 부동산 시장을 더 쉽게 이해하는 데 도움이 될 것이며, 데이터를 통해 부동산 시장을 보는 방법과 향후 부동산을 바라보는 시각을 키워줄 것이다. 부동산에 대해 뜨거운 가슴을 가진 여러분에게 이 책이 차가운 머리를 선물하기를 진심으로 바란다.

2023년 4월

표영호

차례

PART 2

하락장에서 살아남는 법

PART 3

기회를 만드는 기적의 부동산 투자 원칙

PART 4 부동산 시장은 앞으로 어떻게 될까?

부동산의 거품을 어떻게 인지하고 대처하느냐에
따라 부동산을 통해 부를 이룰 수도 있고 자산을
잃을 수도 있다.

››››

PART 1

부동산 버블 시대의 생존 게임

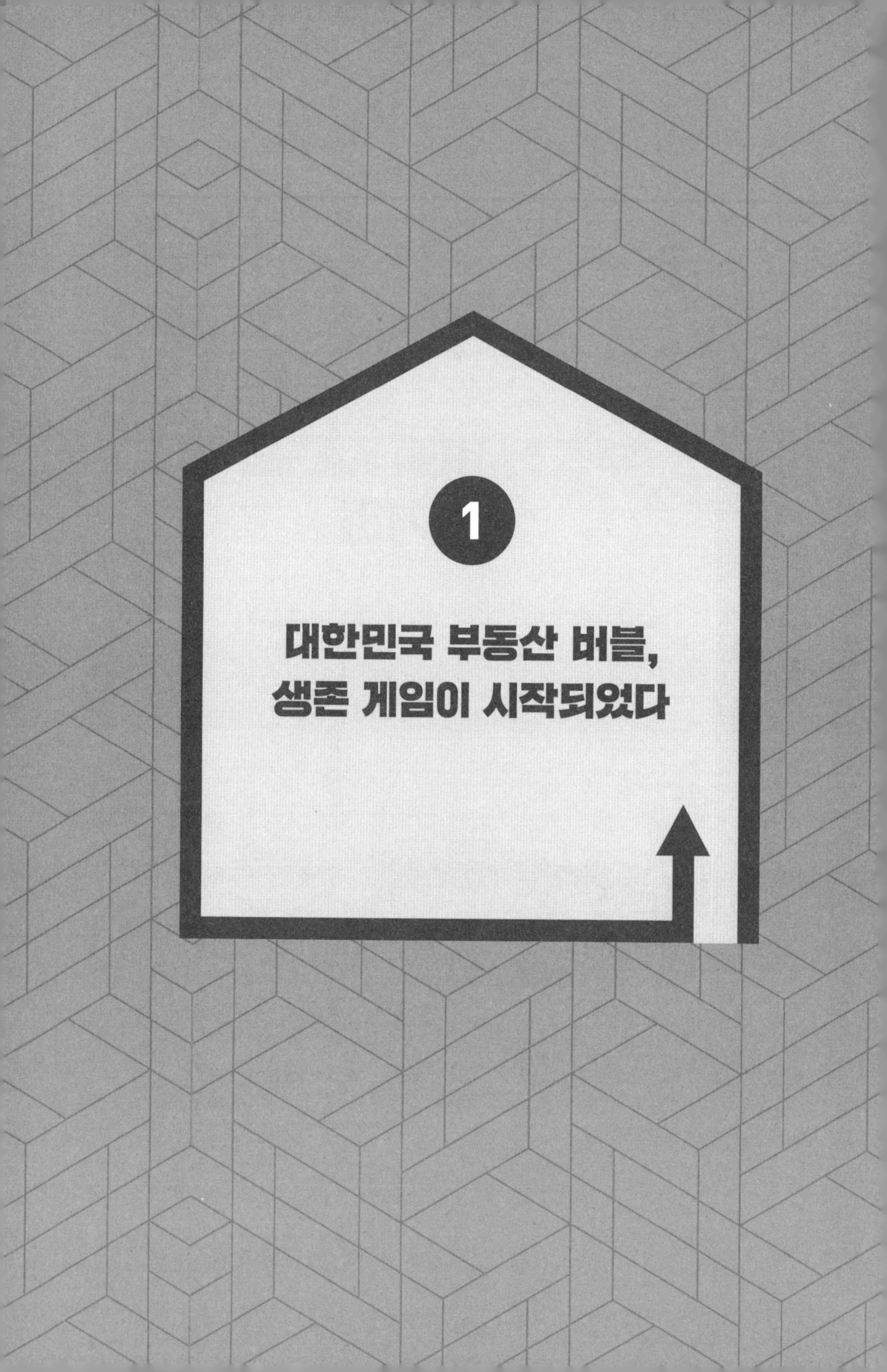

1

대한민국 부동산 버블, 생존 게임이 시작되었다

정보 빠른 사람들은 피해 가는 하락장

2022년 6월 〈블룸버그〉 통신은 스탠더드앤푸어스(이하 S&P) 보고서에 근거해 한국의 부동산 시장이 취약하다고 분석했다. OECD 회원 30개국의 가구소득 대비 주택 가격 비율(이하 PIR)과 임대수익 대비 주택 가격 비율(이하 PRR) 그리고 실질명목 집값 상승률, 대출 증가율 등 5개 지표를 비교 분석해서 한국의 부동산 시장은 17번째로 높은 위험성을 안고 있다고 했다.

그런데 사람들은 이것의 위험성을 인지하지 못하는 것 같다. 사실 하루하루 먹고살기 바쁜 와중에 이 모든 것을 염두에 두고 지낼 수는 없다. 그렇지만 이런 아주 간단한 지식만 가지고 있어도 부동산에 거품이 낀 시기에 투자하는 일은 피할 수 있다.

부동산은 계속 우상향한다는 믿음만을 좇으면 때에 따라서는 부동산으로 인해 하루아침에 자산을 탕진할 수도 있다. 부동산의 거품을 어떻게 인지하고 대처하느냐에 따라 부동산을 통해 부를 이룰 수도 있고 자산을 잃을 수도 있다.

앞서 언급한 S&P는 보고서에서는 자산 가격 하락이 경기침체를 불러올 수 있다고 우려했다. 금리 인상이 가속화되면 자산 가격의 급격한 조정이 나타나고, 이것은 소비심리를 위축해 경기침체로 이어질 수 있다고 경고한 것이다. 한국 역시 한국은행이 금리를 빠르게 인상함에 따라 차입 비용이 급증하면서 부동산을 사려는 사람들의 수요가 한계에 도달했다. 그렇기에 집값, 즉 아파트의 가격이 급락했다. 2023년 상반기 현재 서울의 집값이 급락하면서 2008년 리먼 사태 이후 14년 만에 가장 큰 폭으로 떨어졌다.

국제통화기금(이하 IMF)도 대한민국의 부동산 시장이 장기간 하락할 수 있다는 예측을 내놓았다. 그런 예측들이 현실로 나타나서 청약 접수가 0건이거나 청약은 했지만 실질적으로 계약을 하지 않는 아파트들이 등장하고 있다. 2023년 하반기부터는 집값이 안정되고 금리도 하락하지 않겠느냐고 질문하는 사람이 많다. 그러나 2023년에도 금리 인상이 유지되고 경기침체마저 우려되는 상황이 나타나고 있다.

가계 자산에서 부동산 비중이 유독 큰 한국

2021년 초 강의를 할 때 2022년이 되면 부동산(아파트) 가격은 급락할 것이므로 2021년에는 집을 사면 안 된다고 강조했다. 미국에서 금리를 올릴 것이 예측되었기 때문이다. 그래도 많은 사람이 '지금 집을 보지도 않고 사는 판에 말이 안 되는 이야기'라고 치부했다.

내가 당시 분위기와 정반대의 이야기를 할 수 있었던 것은 부동산 가격이 버블이라고 봤기 때문이다. 그렇다면 나는 부동산 버블을 어떻게 인지할 수 있었을까? 전문가마다 여러 의견을 제시하지만 나는 소득 수준, GDP와 물가지수, CPI보다 집값의 상승 폭이 클 때가 버블이라고 본다.

거시적 버블을 판단하는 기초적인 기준은 PIR인데, PIR이 과도하게 높으면 주택을 구매하거나 부동산을 구매할 때 감당할 수 없을 만큼의 빚을 져야 한다는 뜻이니 버블이라고 보는 것이다.

참고로 현재 한국의 PIR은 일본 버블 붕괴 당시의 PIR보다 훨씬 높다. 1990년 일본의 PIR은 11.6이었고 2021년 일본 도쿄의 PIR은 13.55였다. 그런데 2022년 기준 한국의 PIR은 29.4이다.

물론 PIR 지수로만 부동산의 버블을 단정하기는 어렵다. 1990년 일본의 PIR이 11.6이었는데 한국의 PIR은 19.7이었다.

이 수치로만 본다면 1990년에도 한국의 PIR이 일본보다 높았는데, 일본은 버블이 터졌고 한국은 버블이 터지지 않았다.

그렇다고 해서 PIR 지수를 무시할 수는 없다. 2022년 미국 뉴욕 아파트의 PIR 지수를 보면 9.91인데 한국 서울 아파트의 PIR은 30.17이다. 미국은 집을 장만하는 데 약 10년이 걸리고 한국은 30년이 걸린다는 이야기다. 세계에서 가장 집값이 비싸다고 하는 뉴욕보다 서울의 집값이 68% 정도 비싸다.

물론 2022년 현재 한국의 GDP는 3만 3,500달러이고 미국의 GDP는 7만 430달러다. 미국의 GDP가 두 배로 높다. 이런 점을 감안하더라도 한국, 특히 서울의 집값은 세계에서 가장 집값이 비싸다고 하는 뉴욕보다 비싸다고 할 수 있다.

이렇듯 한국은 부동산의 가격이 전 세계에서 가장 비싼 나라가 되고 있는데, 많은 사람이 이것을 버블이라고 느끼지 못하는 심리에는 부동산에 대한 애착이 유독 심한 이유도 있다.

한국과 미국 그리고 일본의 가계 자산 구성을 보면 미국은 부동산 자산이 28.5%, 금융 자산이 71.5%다. 금융 자산의 비중이 높다는 것은 미국인들은 부동산보다 주식 투자를 선호한다는 뜻이다. 일본의 경우에는 부동산 자산이 37%이고 금융 자산이 63%인데, 이는 부동산 버블이 꺼진 후에 부동산 소유에 대한 생각이 바뀌어서 금융 자산 쪽으로 자산 비중이 높아진 결과라고 본다.

이에 비해 한국의 가계 자산에서는 부동산이 64.4%를 차지하고 금융 자산이 35.6%를 차지한다. 부동산에 자산의 비중이 금융 자산보다 두 배나 크다. 이처럼 부동산 자산 비중이 높기 때문에 부동산 버블이 터지면 정말 위험한 상황에 빠질 수도 있다.

일본에 센 마사오라고 하는 가수가 있었는데, 그는 일본의 버블경제를 상징하는 대표적인 부동산 재벌이다. 그가 우연히 샀던 미야기현 센다이시의 땅에 신칸센이 들어서면서 순식간에 값이 올랐고, 그것으로 인해 부동산 투자에 눈을 뜨기 시작했다고 한다. 결국 그는 가수로서 전성기를 구가하던 시기에 은퇴하고 부동산 사업에 열중했다. 그 후 그는 세계 각지의 빌딩과 맨션, 호텔 등을 소유했으며 큰돈을 벌었다.

그러나 1991년 버블이 붕괴되기 시작하면서 잘나가던 그의 부동산 사업에도 짙은 그림자가 드리웠고, 결국 3천억 엔에 달하는 빚을 지게 되었다. 3천억 엔이면 한 화로 3조 정도 되는데 1년에 1억 원씩 갚는다고 해도 3억 년이 걸려야 갚을 수 있는 어마어마한 돈이다.

한국에서 부동산 개발 사업하는 사람들 중에도 2018년부터 2022년까지 엄청난 돈을 번 사업자들이 있는데, 그들 중에는 다시 부동산 버블이 꺼지면서 빚을 지는 사람도 있다. 만약 버블이 잔뜩 낀 땅을 사서 개발하려다가 1천억 원의 빚을 지게 된다면 1년에 1억씩 갚는다고 해도 천년을 갚아야 한다. 그만큼 부동산 버블은 무서운 것이다.

변동성이 큰 부동산 시장

지금 한국에서는 저금리로 인한 대출 기반의 젊은 투자자들이 더 이상 시장에서 고개를 내밀지 않는다. 오히려 '영끌' 했던 사람들이 손절매를 해야 하는 상황에 내몰리고 있다. 본격적으로 부동산 버블이 터진다면 이 숫자는 기하급수적으로 늘어날 수 있다. 그래서 이 책에서 부동산 버블의 위험성과 부동산 버블 투자의 주의사항 그리고 부동산 버블을 피하며 투자하는 방법을 이야기하고자 한다.

부동산 활황기 때의 부동산 투자는 늘 큰 이익을 가져다주었다. 하지만 저금리 시대를 벗어나 2021년 8월 미국의 기준 금리 인상으로 시작된 버블 이야기는 당분간 몇 년은 이어질 것으로 예상된다. 버블 시에 최고 거래가로 부동산을 투자한 사람들은 향후 10년간은 그 가격을 볼 수 없을 수도 있다.

2023년 부동산 시장에서 수많은 사람이 속을 끓이며 한탄하는 소리가 들려오고 있다. 집값이 계속 오르니까 지금 사지 않으면 벼락 거지가 될 것 같아 영혼까지 끌어모아 시세 차익을 노렸던 2030의 젊은 세대는 빚더미에 앉기 시작했다.

번듯하게 내 집 한 칸을 마련해보려고 70세까지 빚을 갚아야 하는 40대는 정말 큰 한숨이 나오는 시기에 처해 있다. 5060세대 중에는 은퇴하면서 노후에 편안한 삶을 위해 은퇴 자금을 모두 투자한 경우도 있다.

부동산 광풍은 여러 사람의 삶을 망가뜨리는 주범이 되었는데, 2023년과 2024년에는 변동성이 상당히 클 것으로 예상된다. 글로벌 금융위기나 IMF 사태 같은 위험한 상황이 오지 않을 것이라는 막연한 낙관은 위험한 생각이다.

버블의 시대에 살고 있는 현재 우리는 언론에 나오는 기사나 경제지표들을 예의 주시하면서 생각은 깊게 하되 행동은 민첩해야 할 것이다. 이런 때일수록 정보를 많이 습득해서 어려운 시기를 극복해야 한다. '아는 만큼 보인다'는 말이 지금 시점에 부동산 투자자들에게 가장 절실히 필요한 말이다.

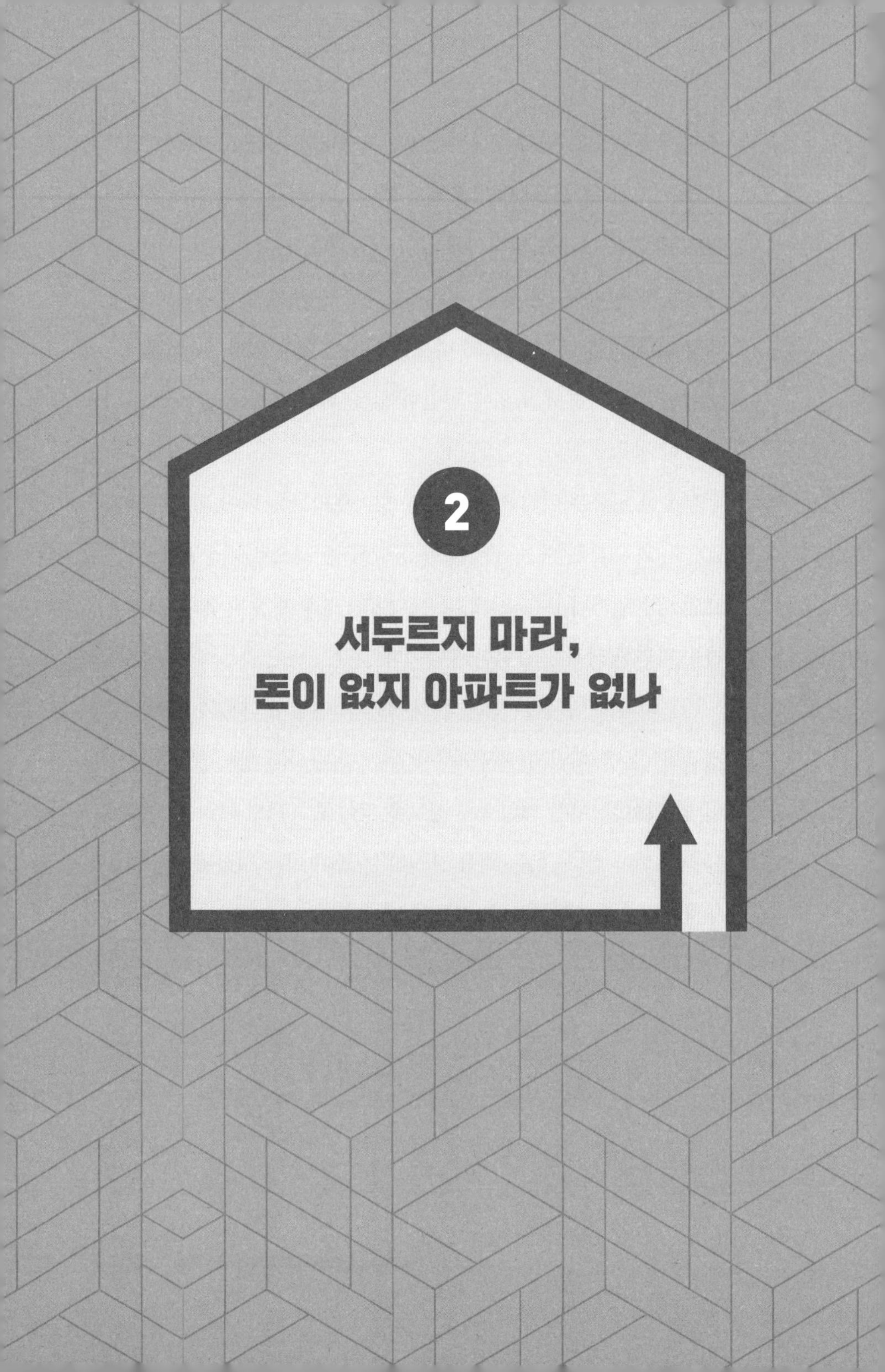

2

서두르지 마라,
돈이 없지 아파트가 없나

주택이 늘어나도 여전히 부족하다

우리나라의 2021년 기준 인구 수는 5,173만 명이다. 세대 수는 2,340만 세대고 그중에 주택을 소유한 가구는 1천 200만 세대고 무주택 가구는 930만 가구다. 전국 주택보급은 102.2%다. 주택 수가 가구 수보다 많다는 뜻이다. 주택 수가 가구 수보다 적은 지역은 수도권인데 서울, 인천, 대전, 경기 지역은 100이 넘지 않는다. 그러니까 지방은 주택이 넘쳐나고 대도시 특히 서울, 경기 지역은 주택 수가 조금 부족하다.

서울, 경기 지역에 주택 수가 부족한 이유는 독립 가구, 즉 1인 가구가 증가하는 이유도 있다. 1인 가구의 증가 폭은 2017년에

대한민국 전체 가구 수

연도	가구 수
2015	19,560,603
2016	19,837,665
2017	20,167,922
2018	20,499,543
2019	20,891,348
2020	21,484,785
2021	22,022,753

연도별 아파트 분양 물량

연도	분양 물량
2013	283,877
2014	336,651
2015	518,215
2016	457,280
2017	327,352
2018	298,156
2019	337,964
2020	363,482
2021	391,483
2022	396,216

1인 가구 수

연도	가구 수
2000	2,224,433
2005	3,170,675
2010	4,142,165
2015	5,203,440
2016	5,397,615
2017	5,618,677
2018	5,848,594
2019	6,147,516
2020	6,643,354
2021	7,165,788

자료: KOSIS 국가통계포털

561만 8,677가구, 2018년에 약 580만 가구다. 2021년 1인 가구 수는 716만 가구를 넘어섰다. 지난 5년 동안 매년 평균 30만 가구가 더 늘어난 것이다.

그렇다 보니 서울, 경기 수도권 일대에 주택 공급은 늘어나도, 전체적으로 보면 주택 수가 부족해 보인다. 이런 흐름에 따라 소형 주택(40㎡ 미만) 공급률은 늘었다. 소형 주택 중에는 아파트나 단독을 제외한 오피스텔, 생활용 숙박시설, 기숙사 등의 대안 주거 형태도 포함되는데, 2017년부터 2021년까지 60만 가구가 공급됐다. 그러나 1인 가구가 증가하는 수를 따라가지 못한다.

주택 소유가 공포가 되다

아파트 가격이 급등하고 주거용 부동산의 가격이 덩달아 뛰면서 2022년 3분기 전국 주택구입부담지수는 89.3을 기록했다. 2022년 2분기보다 4.4포인트 올라간 수치다. 이것은 2004년 관련 지수 집계를 시작한 이래 가장 높은 수치다.

주택구입부담지수란 중간 소득 가구가 대출을 받아 중간 가격의 주택을 구입할 때 상환 부담을 나타내는 지표로, 지수가 높을수록 상환 부담이 크다는 뜻이다. 예를 들어 주택구입부담지수가

100이면 주택담보대출 상환으로 가구 소득의 25%를 부담한다. 만약 주택구입부담지수가 200이라면 가구 소득의 50%를 부담해야 한다.

2022년 3분기 전국에서 가장 주택구입부담지수가 높았던 지역은 역시 서울로 214.6이었다. 이것은 2017년 1분기에 103.6에 비하면 2배가 넘게 오른 것이다. 이 통계대로 계산해보면 2022년 3분기 현재 서울 지역 주택 소유자들은 소득의 54%를 주택담보대출의 원리금을 갚는 데 쓰고 있는 것이다.

이렇게 되면 주택을 보유한다는 것이 공포에 가깝고 어쩌면 기근마저 불러일으킬 수 있다고 본다. 유엔에서 정하는 기근은 식량이 절대적으로 부족한 상황인데, 주택을 구매하고 구매할 때 대출을 받은 금액이 높아 주택담보대출 원리금을 갚는 데 소득의 54%를 쓴다면 먹고사는 문제에 큰 지장이 오기 때문이다.

공급이 늘어도 비싸서 살 수 없는 상황

한국부동산원의 조사를 살펴보면 2022년 전국에 아파트, 연립, 단독주택의 경우 10년 만에 최대 하락 폭을 기록했다. 특히 세종시, 경기도 동탄, 인천 송도, 서울의 잠실, 강서구, 안양 인덕

금리의 변화

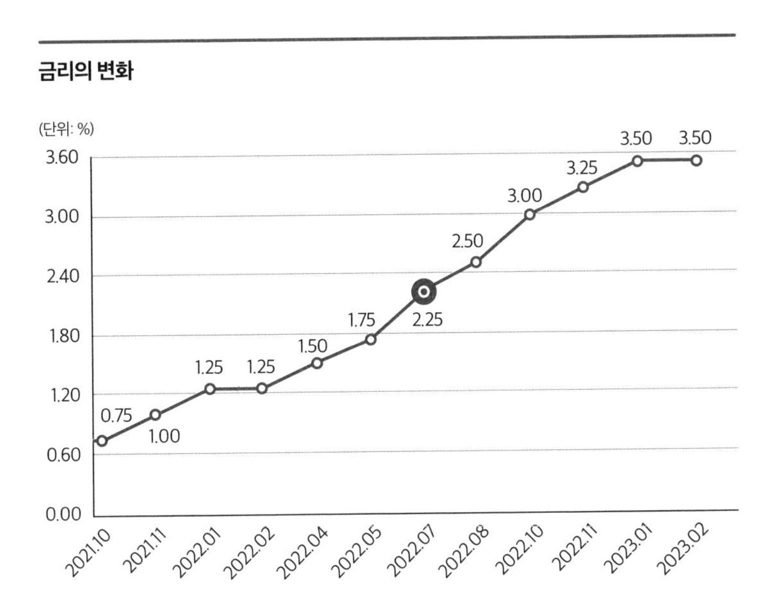

• 2023.03 미국 기준금리 5.00

자료: 한국은행

원 인근은 집값 하락에 직격탄을 맞아 가장 큰 폭으로 하락했다.

집값이 하락하면 주택구입부담지수가 하락해야 하는데 오히려 주택구입주담지수가 오르는 뭘까? 그 이유는 고금리 때문이다. 2021년 8월 미 연준의 금리 인상을 시작으로 한국의 기준금리 역시 2021년 10월부터 본격적으로 오르기 시작했다. 2023년 1월까지 총 10차례에 걸쳐서 0.5에서 3.5까지 껑충 뛰어올랐다.

결론부터 이야기하자면, 주택이 부족한 게 아니라 내 소득으로 살 수 없는 가격까지 치솟아 올랐기 때문에 미분양, 미입주가 급증해도 내 집을 갖지 못하는 세상이 되었다. 돈이 없지, 주택이 없는 것은 아니다. 주거용 부동산의 공급은 2023년에서 2024년까지 80만 호가 준비돼 있다. 그러나 수요가 그 80만 호를 받쳐줄지 의문스럽다.

만약에 2023년과 2024년에 공급되는 주거용 부동산의 분양가가 지금보다 30%만 싸게 나온다고 하면 수요는 충분할 것이라고 생각한다. 하지만 원자재 가격도 오르고 땅값도 오른 상황에서 30% 정도 싸게 분양할 리가 없다. 30% 정도의 할인은 미분양, 미계약이 나와서 어쩔 수 없이 부도를 막기 위한 자구책으로 할인 분양을 해야 하는 상황이어야 가능하다. 만약에 2023년, 2024년에도 계속되는 고금리로 인해서 미분양이 나고, 미계약으로 공실이 생길 것을 염려한 사업 주체가 30% 할인 분양을 한다면 적극 매수에 나서는 것도 좋은 선택이라고 본다.

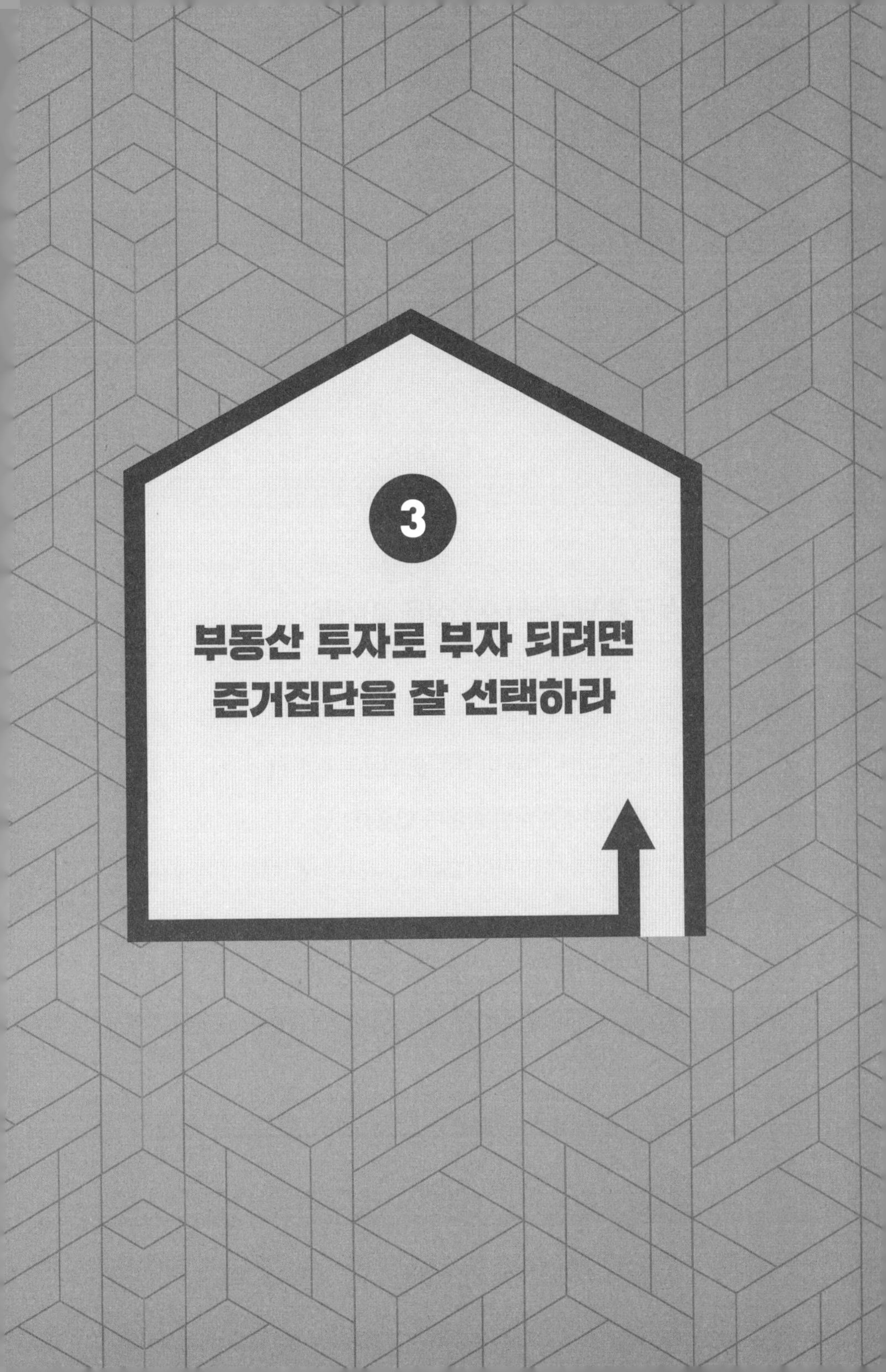

3

부동산 투자로 부자 되려면 준거집단을 잘 선택하라

누구를 만나느냐가 인생을 결정한다

목표가 있고 관심이 있다면 누구나 부동산으로 부를 이룰 기회를 만날 수 있다. 그런데 부동산으로 부자가 된 사람과 그렇지 않은 사람 사이에는 어떤 차이가 있을까?

인생을 살면서 누구를 만나 교류하는지가 남은 인생의 방향을 정한다. 특히 사회에 나오면 대부분 어울리는 사람들이 정해져 있는데, 주로 동창, 회사 동료, 같은 직군의 사람들, 거래처나 협력 관계의 사람들일 것이다. 이것을 광범위하게 '준거집단'이라고 부를 수 있다.

준거집단이란 영어로는 레퍼런스 그룹(reference group)인데,

알다시피 레퍼런스(reference)는 참고할 만한 사항을 뜻한다. 그러니까 레퍼런스 그룹은 개인이 속한 사회 집단 중에서 따라갈 만한 모범적인 집단, 다시 말해 자신의 행동이나 태도, 가치관 등을 비교하고 수용하는 집단을 말한다.

쉬운 예로 껄렁껄렁한 친구를 만나면 껄렁껄렁해지고 좀 진중한 친구를 만나면 진중한 성격으로 변하지 않는가. 그렇게 영향을 주는 사람들을 준거집단이라고 보면 된다. 자신의 전공 분야에서 성공적인 사례를 보여주는 선배나 유행을 선도하는 유명인사, 동료들과 함께하는 동호회나 모임 등이 대표적인 준거집단이 될 수 있다. 이러한 준거집단은 자신의 정체성을 형성하고 유지하는 데 큰 영향을 주며, 행동과 의사결정에도 영향을 미친다. 그래서 준거집단에 따라 개인의 앞날이 바뀔 수도 있는 것이다.

나와 비슷한 처지의 준거집단을 찾아라

워킹맘으로 평범한 일상을 보내던 K씨는 어느 날 아이 학원비 문제에 부딪히면서 경제적 자유를 얻고 싶다는 생각을 갖게 되었다. 결론부터 말하면 그녀는 종잣돈 3억 원으로 투자 3년 만에 100억 원 이상의 자산을 만들었다. 그녀가 취한 첫걸음은 인터넷 블로그와 카페를 활용하고 오프라인 강의와 투자 모임에 참여하며, 자신을 위해 조언을 아끼지 않는 여러 사람을 만나는 것이었다. 나는 인터넷 블로그와 카페 등도 일종의 소셜 준거집단이라고 본다.

특히 K씨는 투자 모임에 적극적으로 참여했고, 모임에서도 자신과 처지가 비슷하거나 투자 성과가 뛰어난 사람들과 더 가깝게 지냈다. 그녀가 처음 투자를 시작한 시점은 2015년인데 그때 마침 남편이 회사가 지방으로 이전하게 되어 자연스럽게 이사하게 되었고, 서울 전셋집에서 빼고 남은 3억 원을 밑천으로 삼았다.

그리고 K씨는 당시 이사하게 된 지방 아파트를 매수하기 위해 주택담보대출을 받았다. 거치 기간을 10년으로 설정했더니 주거비용이 대폭 줄었고, 시간이 지날수록 시세도 계속 오르니까 '분양을 받으면 돈이 되겠구나'라고 생각했다.

이에 인천에서 저렴한 매물을 사들이며 첫 투자에 입문하게 된다. 2015년 6월 신축 아파트 미분양 잔여 세대를 3억 9천만 원에 사들였고 부평과 부천, 송도 등지에서 미계약 물량과 분양권을 연이어 매입했다. 그리고 2018년에는 세종시 대장주로 꼽히는 아파트의 자녀 세대 청약에 당첨되었다.

K씨가 인천에 집중한 이유가 있었다. 집값이 가파르게 오른 서울의 규제가 집중되면서 풍선효과로 비규제 지역의 가치가 오를

거라는 것을 준거집단의 대화를 통해 예상했던 것이다. 그래서 수도권 광역철도 GTX-B 노선과 지하철 7호선 등 호재가 있고 주변 신축 단지가 많지 않아 대장주로 떠오를 가능성이 있는 곳 위주로 선택했는데, 실제로 인천의 집값은 2019년 역세권 신축부터 오르기 시작했다.

K씨는 이런 경험을 바탕으로 투자 종목과 지역을 넓혀갔다. 본인이 설정한 차익을 실현한 매물을 매도하고 대출을 최대한 활용해 더 좋은 입지로 갈아타면서 자산 규모를 급격히 늘려나갔다. 분양권과 재개발 사업에 성공한 주변 사람들의 예를 통해 분양권 투자도 알게 되었고 이해하게 되면서 재개발 투자도 할 수 있었다고 한다. 그가 매입한 주요 매물은 수원 팔달 6구역과 경북 포항, 장성 재개발, 충남 천안 백석 더샵과 백석 아이파크 등이었다. 이렇게 전국을 다니며 여러 군데에 투자하기 시작했다.

이런 사례를 이야기하는 것이 지방 원정 투자를 부추기려는 의도는 아니다. 이런 행위에 안 좋은 시선을 가질 수 있다. 그러나 부동산 투자로 돈을 번 사람들을 욕하면서도 속으로는 '부동산 투자로 나도 부자가 되고 싶다'는 생각을 하지 않는가. 부동산을 알려고 공부하고 노력하지도 않으면서 말이다.

K씨의 이야기를 듣고 나는 두 가지를 생각했다. 하나는 '가난이 싫어서 정말 애를 많이 쓰고 살았구나', 그리고 또 한 가지는

'세금도 많이 냈겠구나'라는 생각이다. 워킹맘으로 열심히 일하며 그저 저축이 최고라고 생각하며 살아오던 K씨는 아이 학원비도 내지 못하는 현실이 싫어서 준거집단의 이야기를 듣고 부동산 투자에 재미를 느꼈다. 변화를 위한 작은 시작이 그와 같은 준거집단을 만나게 해주었고, 그 결과 경제적 자유를 남들보다 일찍 누릴 수 있게 되었다.

실없는 농담을 주고받을 수 있는 마음 편한 사람들과의 시간도 소중하지만, 다른 한편으로는 내가 성장할 수 있도록 자극을 주는 준거집단도 필요하다는 것을 기억했으면 좋겠다.

관심을 어디에 두느냐에 따라 삶이 바뀐다

대기업에 근무하는 15년 차 직장인 L씨는 회사에서는 별로 인정받지 못했으나 오랫동안 관심을 가져온 부동산에 탁월한 능력을 보여서 동료들로부터 부러움을 사고 있었다.

L씨는 2018년 서울의 중계동 아파트 한 채를 갭투자로 구입했는데, 당시 아파트 가격이 5억 원 정도였다. 3억 5천만 원은 전세 임차인이 있어서 실투자금은 1억 5천만 원 정도면 되는 곳이었다. 1억 5천만 원을 어떻게 마련할까 고민하다가 집값의 30%였

기 때문에 제1금융권에서 대출을 받아 아파트를 구입했다.

4년이 지난 2022년에는 이 아파트의 시세가 12억 원까지 치솟아 올랐다. 그런데 부동산 투자에 관심 많았던 L씨의 준거집단 사람들에게서 이제 고점이니 팔아야 한다는 정보를 듣고 2021년에 이 아파트를 처분했다. 어쩌면 그저 운이 좋았을 수도 있으나 그렇게 과감하게 움직일 수 있는 것도 능력이다.

그 모든 것은 준거집단에서 나온 정보로 알 수 있었다고 한다. 부동산 투자는 꼭 아파트나 오피스텔만 있는 게 아니다. 부동산 투자는 정말 다양한 방면으로 이루어진다. 정보 없이 그냥 부동산 투자를 막연히 하고 싶다는 생각만 가지고는 부동산 시장에 뛰어들 수 없다. 좋은 정보를 많이 취합하고 취합한 정보를 스스로 확신할 수 있다면 부동산 투자에는 늘 언제나 기회가 있다.

이처럼 집을 사지 못했거나 집값 상승 혜택을 누리지 못한 이들은 부동산 상승기에 상대적 박탈감과 위축감을 느끼는 경우가 많다.

중소기업 임원인 A씨는 서울 강북 외곽 지역에 결혼 때부터 살아온 오래된 아파트 한 채를 보유하고 있었다. 시세 차익이나 부동산 투자 같은 것은 남의 일로 생각했고, 크게 불편함도 없었기에 그 집에서 안주하며 살고 있었다.

반면 A씨의 직원들 가운데서도 한참 후배인 B씨는 부동산 투자에 관심이 많아 입지 좋은 지역의 아파트로 갈아타는 방법으로 수억 원대 시세 차익을 보면서 자산을 꾸준히 늘려가고 있었다.

A씨는 그저 그냥 열심히 인생을 살아가기 바빴고, 후배 B씨는 바쁜 와중에도 시간을 내서 부동산에 공부하고 투자함으로써 수익을 극대화하고 있었다. A씨는 그저 현실에 안주하고 산 자기 자신이 원망스럽다며 뒤늦은 후회를 했지만 생각만 할 뿐 행동으로 옮기지는 못했다.

관심을 어디에 두느냐에 따라 삶은 바뀔 수 있다. 누구나 바쁘게 살지만 눈앞의 일에만 함몰되기보다 미래를 위해 부동산 투자에 관심을 가지면, 그것이 시간이 지나 자산의 차이로 나타난다.

물론 자산의 차이가 인생을 잘 살았느냐 못 살았느냐를 따지는 척도는 아니다. 하지만 돈이 부족해 힘든 인생이라면, 조금만 더 관심을 가지고 발품을 파는 게 낫지 않을까. 같은 돈과 시간을 들여 좀 더 나은 경제적 위치를 점할 수 있다면 얼마나 좋겠는가.

그러기 위해 어떤 사람과 어울릴지를 잘 판단해야 한다. 지금 여러분이 속해 있는 준거집단을 살펴보길 바란다. 지금 속해 있는 준거집단에서 도움을 받을 수 없다면 적절한 준거집단을 적극적으로 찾아 나서자.

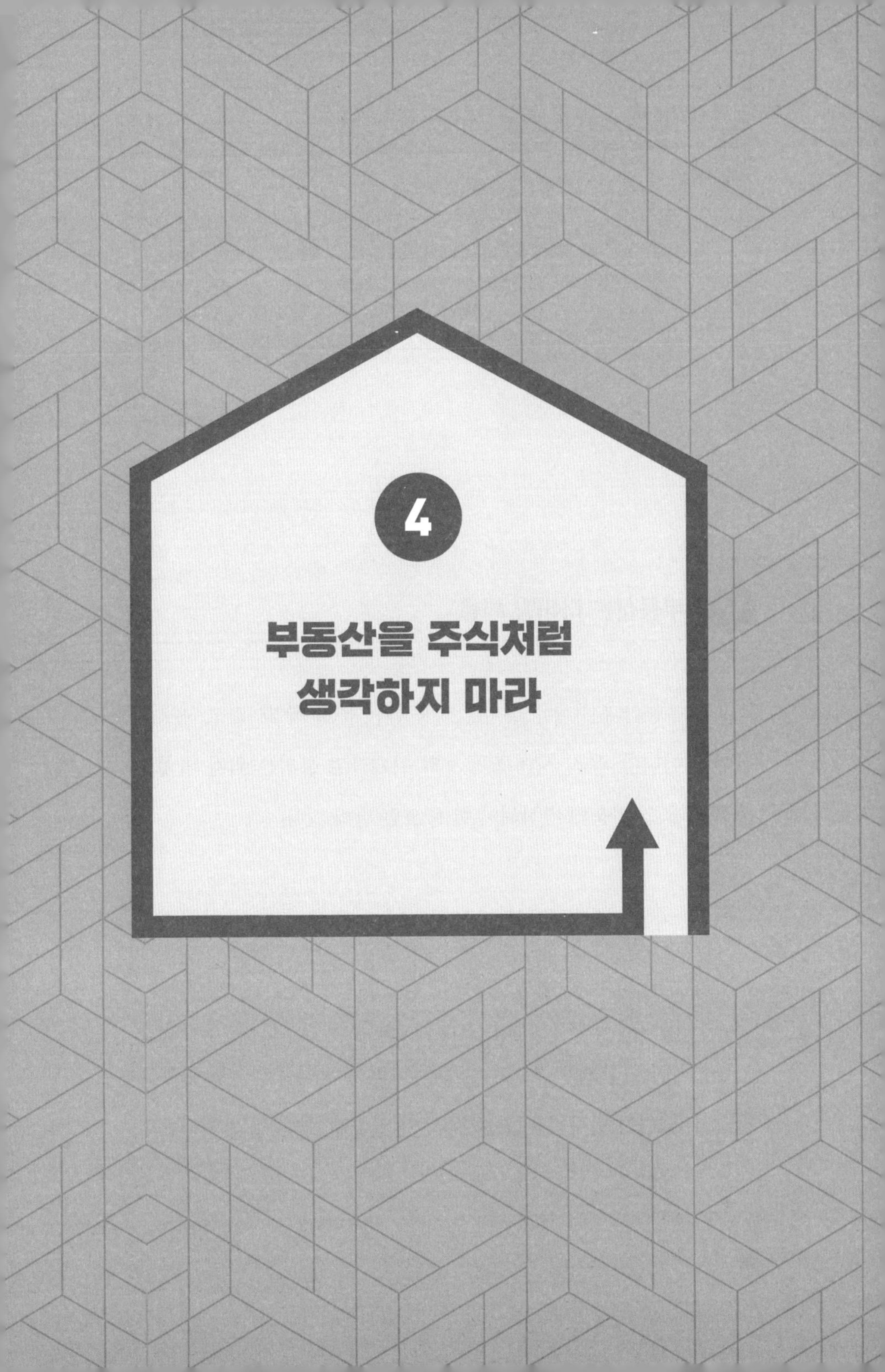

4

부동산을 주식처럼 생각하지 마라

부동산은 타이밍 싸움

부동산과 주식은 타이밍 싸움 혹은 눈치 게임이라고 해도 과언이 아니다. 우리 시대에 투자의 귀재라고 불리는 워런 버핏의 투자 조언 가운데 명심해야 할 중요한 말이 있다.

"10년 이상을 볼 것이 아니라면 단 10분도 그 주식을 보유하지 마라."

장기적인 관점으로 큰 흐름을 파악하면서 정확한 타이밍에 투자할 수 있어야 한다는 말로 이해할 수 있는데, 사실 정말 어려운 일이다. 요동치는 가격 앞에서도 큰 흐름을 파악하고 행동할 수 있는 사람이 몇이나 될까?

2023년 부동산 시장의 화두로 떠오르는 말은 조정이다. 거품이 빠지면서 장기적 관점에서 기회는 늘어날 것이라는 예상인데, 매물이 나오면 직접 가보지도 않고 동호수만 묻고 바로 계약금 입금부터 하던 2020년에서 2021년 후반기까지의 호황기는 지났다. 이제 급매물이 아니면 매물 소화가 어려워졌다.

코로나19 팬데믹을 거치며 폭등했던 집값이 팬데믹 이전 수준으로 돌아왔다. 그 변곡점은 2021년 8월 미 연준의 금리 상승이다. 넘치는 유동성과 연준의 제로금리 정책에 힘입어 천정부지로 치솟던 부동산 가격. 그러나 2023년에는 금리 상승과 경기침체의 우려로 버블이 꺼질 거라고 나는 예상하고 있다. 그리고 이것은 또 하나의 기회로 다가올 것이다.

판데온 매크로 이코노믹스의 설립자 이언 셰퍼드슨은 2008년 금융위기 당시 주택 시장의 붕괴를 예측했듯, '2023년 미국의 주택 가격이 15% 이상 떨어질 수 있다'고 전망했다. 코로나19 팬데믹 이후 광풍이 불 정도로 부동산 가격이 상승했지만 수요 대기자들의 소득의 격차가 심해지고 주택 재고가 증가하는 데다 금리까지 인상되면서 집값 하락세가 올 것이라고도 했다.

이것은 우리나라에도 마찬가지로 적용되는데, 나는 한국이 미국보다 낙폭이 좀 더 클 것이라고 내다봤다. 부동산은 결국 소득이 받쳐줄 만한 가격의 조금 윗선으로 회귀할 것이라고 믿기 때문이다.

지난 몇 년 동안 사상 유례없는 매수라는 경쟁 때문에 서민들은 내 집 마련 꿈을 버릴 수밖에 없었다. 꿈을 잃은 사람들이 할 수 있는 것은 두 가지다. 저항하거나 포기하는 것. 저항하거나 포기한 사람들에게 중요한 것은 2023년 현재 심리적 변곡점도 함께 왔다는 것이다. 부동산 조정 국면으로 접어들면서 매수세가 약해진 지금이 어쩌면 버핏이 말한, 장기적 전망 속에 정확한 타이밍을 찾는 그 시기일 수 있다.

부동산과 주식의 3가지 차이

주변에 실제로 주식 투자로 큰돈을 번 사람이 있는가? “누가 얼마나 이익을 봤다는데”라는 이야기는 있지만 실체를 확인한 경우는 드물다. 어쩌다가 단기간 이익을 볼 수는 있지만 반복되는 투자를 해서 돈을 벌 확률은 카지노 도박장에 오래 앉아 있는 사람이 돈을 따서 나올 수 있는 확률과 같다.

우리나라 주식의 하루 등락 폭은 플러스 마이너스 30%다. 운이 좋으면 하루에 30%의 이익도 볼 수 있다는 말인데, 왜 주식으로 돈을 버는 사람은 극히 드물까? 다음과 같은 기본적인 원칙을 지키지 않기 때문이다.

주식 시장에서 크게 이익을 보는 사람들의 공통점이 있다. 첫 번째는 데이 트레이딩(day trading)을 하지 않는다는 것이다. 매일 호가창을 바라보며 얼마가 올랐느냐 혹은 하락했느냐를 따지지 않고 장기적인 관점에서 좋은 종목이라고 생각하는 종목에 투자해 길게 가져가는 사람이 결국 이익을 보고 살아남는다.

두 번째는 계획 없는 매수를 하지 않는다는 것이다. 호가창을 보며 즉흥적으로 매수하는 우를 범하지 않고 자료를 찾아 살피고 공부해서 나름의 성공 루틴을 가지고 투자하는 사람이 성공한다.

그럼 주식 투자와 부동산 투자의 차이는 뭘까? 가장 큰 차이는 자본금 규모의 차이다. 주식은 소액으로도 투자를 할 수 있지만 부동산은 주식에 비해 큰 규모의 금액이 필요하다. 두 번째 차이는 환금성이다. 주식은 거래하고 3일 후면 현금이 통장으로 유입되지만 부동산은 그렇게 빨리 환금할 수 없다.

마지막 세 번째 차이는 변동성이다. 주식은 변동성이 큰 반면 부동산은 주식에 비해 변동성이 작다. 다시 말해, 주식은 매일 가격이 공시되며 위아래로 가격 변동이 심하지만 부동산 가격은 그렇게 단시간에 크게 움직이지 않는다. 덩치 큰 곰이 움직이는 것과 같이 아주 서서히 움직인다.

그렇기 때문에 부동산에 투자할 때 주식하는 마음으로 해서는 절대 안 된다. 안타깝게도 2020~2022년에 주식하듯 부동산에 달려든 사람이 아주 많았다. 이것이 부동산 버블을 키웠는지도 모른다.

주식은 부동산의 선행지표다

"주식해서 돈 벌면 뭐 할래?"

"집 살 거야."

이런 대화를 많이 들어봤을 것이다.

이 같은 변동성 측면에서 부동산 투자가 주식 투자보다 좀 더 안정적인 수익을 낼 확률이 높다. 보통 '하이 리스크 하이 리턴(고위험 고수익)'이라고 한다. 자산의 최대 하락 폭을 뜻하는 MDD(Maximum Drawdown)이 높을수록 원금을 복구하는 데 필요한 수익률은 곱절로 늘어난다. 그래서 투자할 때 MDD를 낮출 수 있어야 장기적으로 좋은 투자 결과를 내기 쉬워진다.

일반적으로 자산의 최대 하락 폭 또는 최대 상승 폭이 높은 것은 가상 자산, 주식, 부동산순이다. 젊은 세대가 가상 자산에 열광했던 이유는 바로 이렇게 하이 리스크 하이 리턴이기 때문이었다. 부동산은 안 그래도 큰 목돈이 드는 데다 더 높아진 가격을 쫓아가지 못하게 되었지만 가상 자산은 10만 원이든 100만 원이든 적은 돈으로 투자해서 하이 리턴을 노려볼 수 있기 때문이다.

그런데 많은 투자자가 하이 리스크를 염두하지 않고 하이 리턴에 더 치중해서 투자를 위험하게 즐기는 경향이 있다. 그것은 일확천금의 확률을 높여 나도 빨리 부자가 되고 싶다는 심리에 기인한다.

투자자들 중에서는 주식 시장을 부동산 시장에 선행지표로 삼는 사람들이 있는데, 나도 이것에 동의한다. 시장의 변화에 민감한 주식 시장이 돌발 상황(호재나 악재)에 먼저 반응하고 부동산 시장은 주식 시장보다 후에 반응하기 때문에 주식 시장을 부동산 시장의 선행 지수라고 한다.

지난 2021년부터 주식은 하락장으로 접어들었다. 그 후 부동산도 하락장으로 돌아섰다. 반대로 주식 시장이 코스피 지수 3,300을 뚫었을 때 이후 부동산 시장도 급격하게 단어처럼 상승하기 시작했다. 이것을 두고 우스갯소리로 "주식으로 번 돈이 부동산으로 흘러들었다"라고 말하는 이들도 있었다.

그러나 이런 '커플링 현상'은 늘 일어나는 것은 아니다. 주식 시장은 하락하는데 부동산 시장은 오를 수 있고, 부동산 시장은 하락하는데 주식 시장은 오를 수도 있다. 2023년 3월 현재도 부동산 가격은 내리는데 주식은 반등하고 있다. 이것을 주식과 부동산의 '디커플링 현상'이라고 말한다. 그러나 주식이 오르듯 부동산도 곧 다시 상승할 것이라고 전망하는 사람들은 커플링 현상을 염두에 두고 하는 말이다.

그러나 우리가 알아야 할 것이 있다. 자산 시장에서 가격에 영향을 주는 3대 요소는 유동성, 수요, 공급인데 주식 시장과 부동산 시장은 유동성만을 공유한다. 수요나 공급은 각각의 특성에 따라 다르기 때문에 커플링과 디커플링 현상은 언제든 달라질 수 있다.

찬바람이 불 때 기회는 온다

많은 사람이 나에게 질문한다.

"주식은 망하는 사람이 많은데 왜 부동산 투자에는 대체로 성공할까요?"

왜 그럴까? 주식의 경우에는 5%의 종목이 시장을 리드하는 구조인 반면 부동산의 경우는 다 같이 오르는 구조라서 그런 것이다. 주식 시장에서는 5% 정도의 기업이 큰 성장을 하며 전체 상승을 리드한다. 나머지 95%의 기업은 예금 이자만도 못하는 성장을 하거나 그 이하에 머문다.

많은 사람이 꿈을 꾼다. 주식으로 돈을 벌어 부동산에 투자해서 건물주가 되는 꿈. 물론 그 꿈은 헛된 꿈이 아니다. 누구나 공부하면 그 꿈을 이룰 수 있다. 시장의 흐름을 잘 파악하고 그 흐름에 올라탈 타이밍을 찾으면 투자에 성공할 수 있다.

주식이든 부동산이든 투자에 성공하기 위해서는 시장의 심리를 읽는 마음이 필요한데, 투자를 하려고 투자 시장에 나타나는 순간 주변엔 온갖 달콤한 말로 투자자를 현혹하는 일이 많이 생긴다. 그렇기 때문에 주변의 달콤한 말들이 과연 정확한 정보인지 아닌지를 판단할 수 있는 능력이 있어야 성공에 조금 더 가까워질 수 있다.

특히 부동산 시장에는 온갖 왜곡과 잘못된 정보가 난무하기 때문에 더욱더 조심해야 한다. 우리가 꼭 기억해야 할 것은 부동산이 경착륙이든 연착륙이든 찬 바람이 불 때 투자의 기회가 올 수 있다는 것이다.

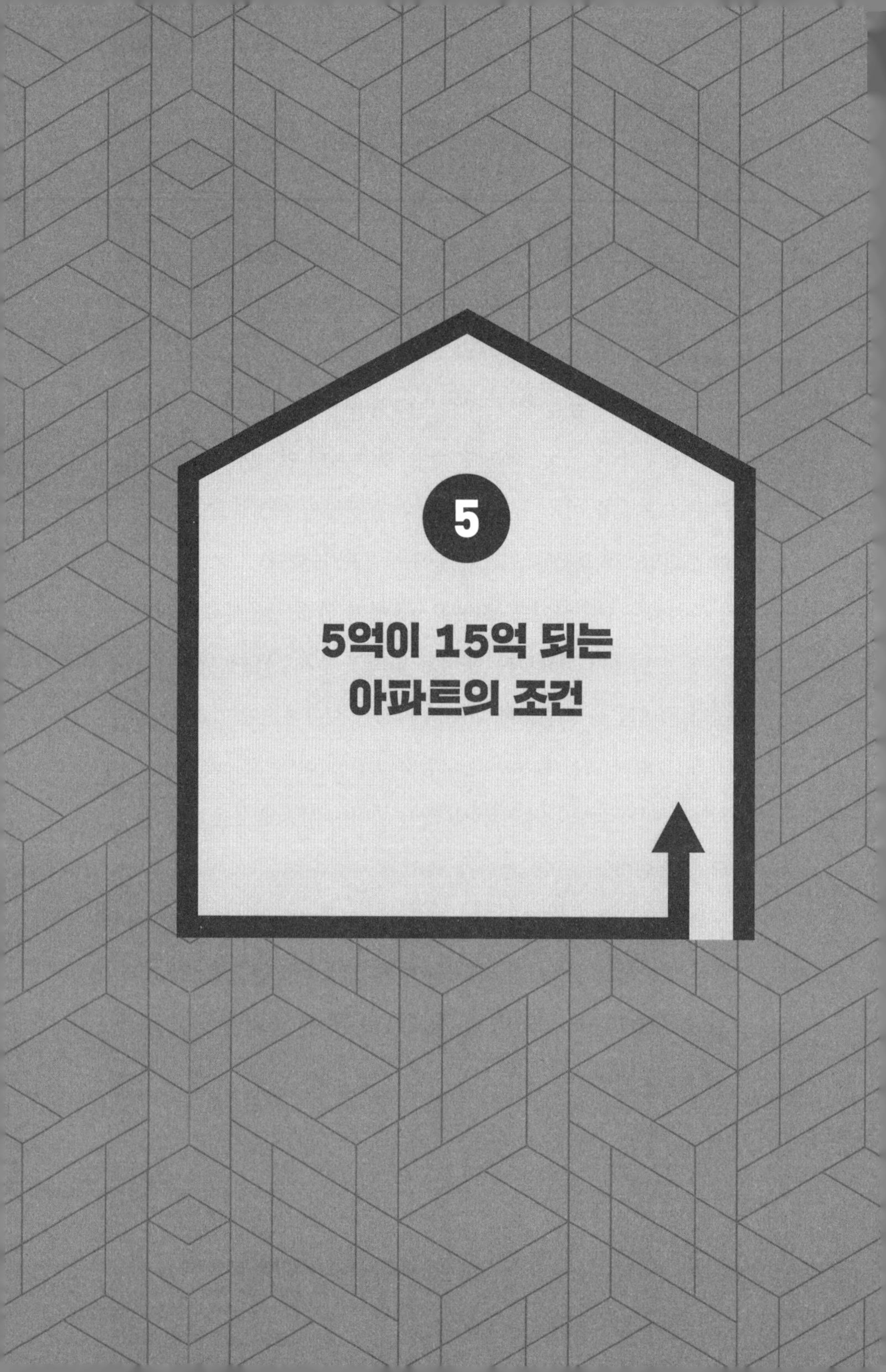

5

5억이 15억 되는 아파트의 조건

일자리 수가 집값을 결정한다

모두가 알다시피 2020년과 2021년에 집값은 급등했다. 그럴 때 전문가들이 늘 하는 말이 있는데 "공급이 부족해서 가격이 뛴 것이다"라는 말이다. 틀린 말은 아니지만 2020~2021년의 집값 고공행진은 공급 부족이 가장 큰 원인이라고 말할 수는 없다고 나는 주장한다.

물론 구매 수요가 많고 공급이 확연히 적은 지역의 집값은 다른 지역보다 월등하게 더 오르는 것이 시장경제의 원리다. 반면 공급이 많고 구매 수요가 적다면 가격은 당연히 하방으로 빠질 수밖에 없다.

부동산 수요는 매매 수요와 임대 수요로 나눌 수 있다. 그중 매매 수요는 다시 투자 수요와 실수요로 나뉜다. 다만 실수요라고 하더라도 집을 살 때 차후 시세 차익 가능성을 열어두지 않는 사람은 아마 거의 없을 것이다.

또한 수요는 장기적 수요 관점과 단기적 수요 관점으로 나눌 수 있다. 직장의 접근성, 교통, 교육, 의료, 문화 등 그 지역에서 살아야 할 이유가 뚜렷이 있을 때를 장기적 수요 관점이라고 한다. 단기적 수요 관점은 그 지역의 단기 호재를 노리고 일시적 거주를 목적으로 빠르게 매매하는 것이다.

투자 목적의 수요는 계속 그 지역에 거주할 가능성이 작다. 이런 특징 때문에 상승기에는 투자자가 몰려서 그 지역이 단기 상승하지만, 하락기에는 가장 빨리 가격이 떨어지는 경향을 보인다. 2021년 하반기부터 2022년 집값이 가장 많이 하락한 지역의 특징은 이렇게 단기 수요가 결집된 지역이라고 할 수 있겠다.

단기 수요가 많다는 것은 투기성이 강하다는 뜻이기도 한데, 이는 가격이 급등하면 이익을 보고 얼른 빠져나오려는 세력이 많다는 뜻이다. 그래서 2020년, 2021년 집값이 초급등했을 때 빠져나온 세력들이 있는 것이다.

그렇다면 집값 하락기에도 큰 폭으로 하락하기보다 안정적 하락세를 보이는 지역, 다시 말해 실수요가 많은 지역은 어디일까?

일반적으로 실수요자들이 거주 지역을 선택할 때 가장 우선시하는 것이 직주 근접성, 학군, 생활 편의시설 그리고 주변 환경이다. 이런 여러 가지 조건을 종합해서 거주 지역을 결정하게 되는데, 이렇게 복합적으로 입지가 좋은 곳은 가격 하락 시기에 일시적 하락은 있지만 다시 가격이 상승으로 급반전하는 경우도 있다.

2021년 통계청의 발표 자료를 보면 한국에서 일자리가 가장 많은 곳은 서울 강남구로 80만 개의 일자리가 있다. 그 뒤로 삼성전자가 위치한 경기도 화성시에 56만 4천 개의 일자리가 있으며, 판교 테크노벨리가 위치한 성남시에도 53만 4천개의 일자리가 있다. 일자리가 풍부한 세 곳 모두 인프라가 잘 형성되어 있다는 것이 특징이다.

이처럼 강남구에 일자리가 많기 때문에 강남구의 집값은 계속 고공행진을 한다. 생활 편의시설이나 인프라도 점점 늘어나면서 시간이 지날수록 강남구에 가치는 점점 올라가게 된다.

경기 남부 지역 집값도 고공행진을 하는 반면 경기 북부의 집값은 그리 크게 오르지 않는다. 그 이유 역시 일자리 때문이다. 예를 들어, 가장 양질의 일자리라고 할 수 있는 삼성전자 관련 일자리가 서울 기준 경기 북부권에는 없다.

경기 북부권에 위치한 양주시에서 '○○년까지 인구 50만 목표!'라는 글귀를 보고 깜짝 놀란 적이 있다. 기업을 유치해서 일

지역별 일자리 수 변동

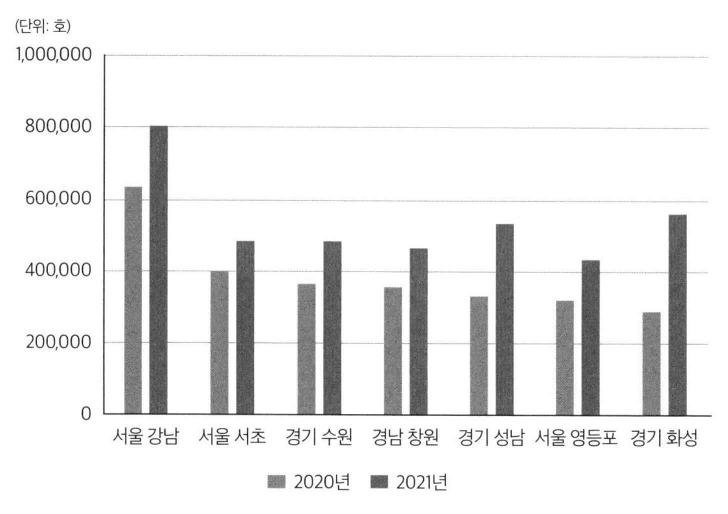

자료: 통계청

자리를 늘려 인구를 유입하는 것이 아니라 아파트를 많이 지어서 인구를 늘리려는 것처럼 양주시에는 아파트 공사 현장이 정말 많았다. '과연 저 아파트에 사람들이 다 들어와 살까?'라는 생각이 들었는데, 아니나 다를까 양주 지역은 미분양의 무덤이 되었다.

지방으로 눈을 돌리면 경남 창원시가 기계산업의 메카로 46만 9천 개의 일자리를 가지고 있다. 지방 지역으로서는 눈에 띄게 선전하는 것으로 보인다.

미래의 일자리도 중요하다

집값에 영향을 주는 이유인 현재 일자리도 중요하지만 앞으로 주변 지역에 일자리가 얼마나 늘어날지도 지켜봐야 한다. 주식에 호재의 선반영이 있듯 집값도 선반영을 하기 때문이다.

경기도 화성시는 지난 10년간 가장 일자리가 많이 늘어난 지역으로 손꼽힌다. 이것을 호재로 경기도 화성시, 특히 동탄 지역의 집값은 급등했다. 이렇게 일자리가 늘어나고 GTX 호재까지 선반영되면서 집값은 그야말로 하늘 높은 줄 모르고 올랐다.

화성시 인구 변화

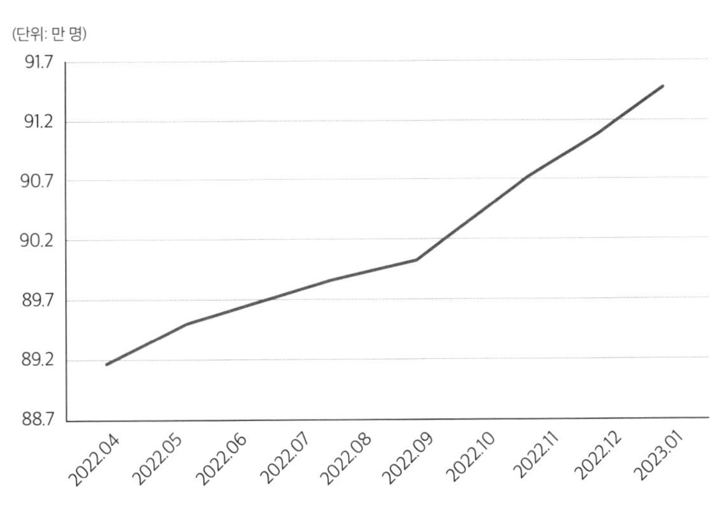

자료: KOSIS(행정안전부, 주민등록인구현황)

양질의 일자리가 많다고 하는 판교의 경우를 보면 2022년 기준 노동자 수는 7만 3,400여 명이고 근로자 전체의 67%가 30~40대다. 판교 테크노밸리에 입주한 1,642개 기업 중에서 91.2%가 첨단 업종인데 87%가 중소기업에 속해 있다. 그런데 2021년 이들 기업의 총매출액은 약 120조 8천억 원에 달한다. 엄청난 숫자다.

첨단 업종이 판교 테크노밸리에 많이 입주해 있기 때문에 고액 연봉자가 많은 것이 판교 일자리의 특징이다. 그렇기 때문에 판교의 아파트 가격 또는 판교 선을 따라서 판교와 교통이 연결되는 지역의 아파트 가격은 급등했다. 판교와 가까울수록 아파트의 가격은 높았고 판교와 거리가 멀수록 아파트의 가격은 낮아졌다.

이처럼 주택 가격의 상승과 하락에 가장 큰 영향을 미치는 게 일자리다. 그래서 좋은 직장들이 모여 있는 지역(직세권), 직장 출근과 학교 통학이 편리하며 유동인구가 많아 다양한 시설이 밀집된 지역(역세권), 유치원, 초·중·고등학교, 대학교가 위치한 교육 지역(학세권), 아파트 주변으로 백화점, 대형 할인점, 쇼핑몰 등 상업시설이 모여 있어서 편리한 지역(상세권), 아파트 주변으로 대형 병원과 대형 의료시설이 있는 지역(병세권), 그리고 슬리퍼 신고 외출을 해서 모든 것을 다 누릴 수 있는 지역(슬세권) 등이 다 갖추어진 아파트 위주로는 탄탄한 가격이 형성된다.

이런 곳은 공급이 원활하지 않을 경우 급등할 수 있다. 그리고 반대로 이런 지역과 거리가 먼 지역의 경우는 주택 하락기에 가장 큰 폭으로 가장 빠르게 하락하는 위험을 안고 있다. 특히 경기 북부 지역의 경우 여러 가지 인프라가 몰려 있는 지역이 드물기 때문에 집값이 고공행진할 때 고가에 잘못 사면 집값 하락 시기에 10년 정도는 고생할 수 있다.

서울의 베드타운 역할만 해서는 집값이 다시 고공행진 하기는 어렵다고 본다. 그러므로 지자체장이나 지역 행정가들은 주민들에게 얼마를 퍼주는 복지보다는 일자리를 만들어 지역을 발전시키는 것이 복지라는 것을 반드시 기억해줬으면 좋겠다.

부동산으로 자산을 불리려면 가장 중요한 것은 타이밍이라는 것을 잊지 말자.

PART 2

하락장에서 살아남는 법

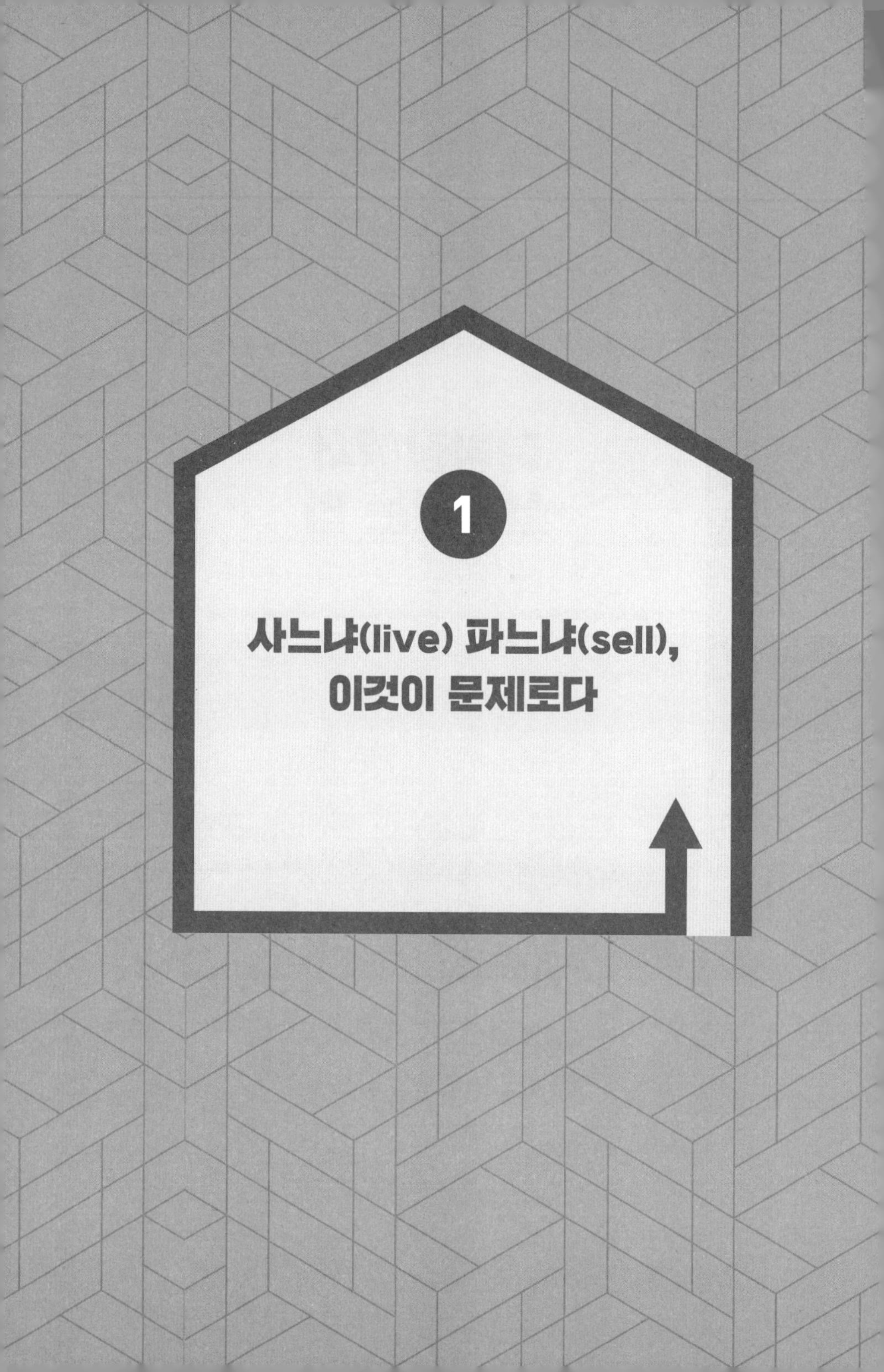

1

사느냐(live) 파느냐(sell), 이것이 문제로다

패닉 바잉의 결과

사느냐(buy) 파느냐가 아니라 사느냐(live)냐 파느냐가 문제다. 내가 만약 하우스 푸어라면 고민하지 말고 팔아야 한다.

국숫집을 운영해서 대박이 난 친구의 권유로 2009년 서울 상계동에 식당을 개업한 H씨는 매장 가까운 곳에 집을 마련하기 위해 같은 해에 구축 아파트를 매입했다. 매매가 3억 4천만 원이었는데, 자기 자금 1억 4천만 원에 2억 원의 대출을 받았다. 거치 기간 2년 동안은 매월 이자만 납부하고, 이후 7년 동안은 매월 원리금을 상환하는 조건이었다.

매장 개업 후 1년여 동안은 장사가 잘되어 월 순수익이 5백만 원 가까이 되었다. 그래서 초기에는 월 120만 원 수준의 이자 상환에 전혀 문제가 없었지만, 주변에 식당들이 하나둘 더 생기면서 매출이 감소하기 시작했다. 월 순수익이 250만 원 정도로 급격히 떨어졌다.

머지않아 거치 기간이 끝나고 매월 이자 외에 원금을 포함하여 약 340만 원을 갚아야 하는데, 운영 중인 식당의 수입으로는 대출 이자와 원금을 갚기에도 턱없이 부족했다. H씨는 결국 큰 손해를 감수하며 아파트를 급매로 처분했다.

그는 그 후 2022년까지 집을 사지 못하다가 2022년 아파트 가격이 최고가로 오르던 시절 집을 사야 하는 게 아니냐면서 나를 찾아왔다. 나는 당연히 집을 사지 말라고 당부했다. 왜 하필 집값이 고공행진을 하고 금리가 오르기 시작한 시기에 집을 사려 하느냐고 극구 말렸다.

또 다른 자영업자 B씨는 아파트 가격이 하늘 높은 줄 모르고 치솟던 2021년 6월경 서울 금천구에 있는 전용면적 85㎡의 아파트를 매수하며 패닉 바잉 행렬에 뛰어들었다. 아파트 가격은 8억 원이었는데 자기자금 4억 원에 대출을 4억 원 받았다. 자고 일어나면 집값이 무섭게 뛰던 시기였고, 어렵게 내 집 마련을 했기 때문에 주변의 많은 지인이 축하하며 그를 부러워했다. 그러나 그 기쁨도 길게 가지 못했다.

대출금 4억 원은 연 2.4%의 주택담보대출이었는데, 기준금리 인상으로 주택담보대출의 금리가 1년 반 만에 5.77%로 뛰었다. 매달 갚아야 할 원리금이 247만 원에서 359만 원으로 크게 늘어났다. 코로나 이후 풀릴 줄 알았던 경기는 더 나빠져 사업에도 찬바람이 불었다. 그는 부러움의 대상에서 하루아침에 하우스 푸어로 전락하고 말았다.

10년 만에 다시 나타난 하우스 푸어

2023년 현재의 부동산 시장은 아이러니하게도 우리가 겪어봤던 15년 전 상황과 대동소이하다. 지난 20년 동안 대한민국의 부동산은 활황기를 맞이했다. 1997년 외환위기 이후 2002년 한일 월드컵 시즌에 가장 많은 상승률을 기록했고, 2003년부터 2008년까지 노무현 정권의 집권기에 강남구의 집값도 2배 이상 급등했었다.

그리고 최근 2020년, 2021년 초에 급등한 시기를 맞이해서 부동산 가격은 지난 20년 동안 가장 큰 폭으로 상승했다. '묻지 마' 주택 구매로 주택 거래량은 폭증했고 건설사나 개발을 하는 시행사 입장에서는 공급을 대량으로 늘려 큰 이익을 봤다. 우스갯소리로 지난 20년 동안 대한민국에서 부동산 개발업을 통해 부자가 되지 않았다면 바보다, 개가 개발을 해도 돈을 번다고 하는 시기였다. 나는 지난 20년 동안 '왜 그런 돈을 버는 부동산 개발업자가 되지 못했을까?'라는 생각도 했다.

참여정부는 부동산 광풍을 억제하기 위해 '분양가 상한제'라는 정책을 발표했는데 오히려 이 정책이 분양 폭발을 야기했다. 분양가 상한제를 피하기 위해 분양 물량이 일시의 시장에 나왔기 때문이다. 2006년에 17만 가구에 불과했던 수도권의 주택 인허가는 2007년에 30만 가구가 시장에 나오면서 폭발적으로 늘어났다.

문재인 정권에서는 부동산 가격의 폭등을 막기 위해 여러 가지 규제책을 발표했지만 규제책을 발표할 때마다 부동산의 가격은 계속 올랐다. 오히려 하우스 푸어는 부동산의 가격이 급등할 때 탄생했다. 말 그대로 집을 가진 가난한 사람이란 뜻인데 부동산 폭등 시기에 무리한 대출, 세금 등으로 인해, 집값 하락 시에는 원금과 이자 감당에 허덕이며 빈곤을 벗어나지 못하는 사람들이 하우스 푸어가 되는 것이다.

10여 년 전 부동산 하락기에 사회 문제가 됐던 하우스 푸어 이야기가 다시 지금 2023년에 모습을 드러내고 있다. 특히 영혼까지 끌어모아서 집을 샀다는 2030 영끌족이 하우스 푸어가 됐다

매입자 연령별 주택 매매 거래 현황

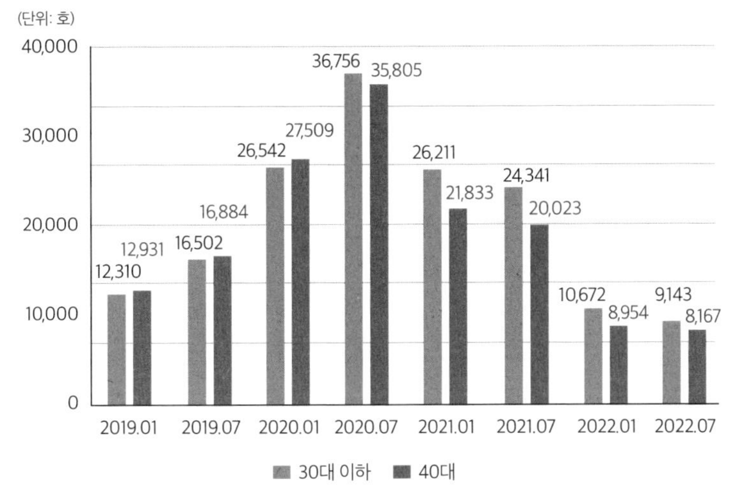

자료: 한국부동산원

는 이야기가 자주 들린다. 부동산 가격이 급등하기 시작하는 초입 단계의 2017년, 2018년에 영끌을 했다면 오히려 괜찮을 수 있지만 영끌족은 항상 상승장 후반부에 불사르면서 존재감을 드러내기 마련이다.

그래서 부동산 하락기에는 그 갭으로 인해 힘든 삶을 살게 된다. 사야 할 때 안 사고, 팔아야 할 때 영끌을 통해서 샀기 때문에 하우스 푸어로 전락하게 되는 것이다.

2019년 1분기 가격이 정상이다

나는 영끌의 문제는 금리의 문제가 아니라 급등한 집값과 타이밍의 문제라고 본다. 하우스 푸어는 대출을 얼마나 받았느냐도 문제지만, 집을 사는 타이밍에 가장 큰 문제가 있다. 최고가일 때 집은 산 사람은 그만큼 대출 금액도 크기 때문에 더 빈곤하게 살아가는 것이다. 거기에다 2021년 8월부터 기준금리가 1%였는데 2023년 2월에는 3.5%로 급등을 했다. 역시 시중금리도 가파르게 올랐다. 대출 금액도 커지고 이자도 높아진 것이다.

이처럼 영끌을 통해서 지금 하우스 푸어로 전락하고 있는 사람들이 잘못된 정보를 접하는 것이 문제다. 금리 인상 기조가 마무리되고 금리가 하락 기미를 보이면 주택 가격이 다시 V자 반등을 할 것이라는 전망을 내놓는 전문가들이 간혹 있다. 이런 전문가들은 자기들이 이미 투자해놓은 무엇인가를 홍보하려는 것이거나 그런 건설업체에서 활동비를 받는 경우일 수도 있으므로 주의해야 한다. 이들이 사람들의 시각을 흐리게 만들어 주택 시장 침체의 본질을 흐리고 있다고 생각한다.

"금리 인상이 멈추면 집값이 다시 상승해서 빠른 속도로 올라갈 것이다"라는 말은 전부 다 거짓말이라고 보면 된다. 금리 인상이 집값 하락에 트리거 역할을 한 것은 맞지만, 집값이 하락한 가장 큰 이유는 바로 높은 가격 때문이다. 그동안 집값이 큰 폭으로 올랐기 때문에 큰 폭으로 하락하는 것이다. 집값 하락이 멈추려면 시장에서 원하는 수준까지 집값이 떨어져야 한다.

아파트 가격은 최소 2019년 1분기 수준까지 하락해야 정상이라고 본다. 코로나 시기를 거치면서 막대한 자금이 풀렸고, 유동성 장세로 접어들었기 때문이다. 유동성 장세가 시작된 2020년, 2021년의 가격은 거품이라고 보는 것이다. 그래서 집값이 오르기 시작하기 전인 2019년 단계가 가장 적합한 가격대라고 본다.

그런데 지역에 따라 2018년 수준까지 하락한 지역도 속출하고 있다. 경기 위축과 어두운 경기 전망으로 인해 소비심리가 크게 위축되면서 주택 경기도 하방으로 방향을 틀었기 때문이다.

그러니까 최고가에 대출을 받아서 집을 산 하우스 푸어라면 지금 문제는 '사느냐(live), 파느냐'인데 소득 수준에 따라 단호하게 결정할 단계에 와 있다. 부동산으로 자산을 불리려면 가장 중요한 것은 타이밍이라는 것을 잊지 말자.

'대도시의 부동산 가격은 하락의 시간이 지나면 다시 오를 것이다'라는 말에 동의한다. 하지만 얼마나 길지 모를 하락의 시간을 이겨낼 수 있을까? 왜 그런 고통을 감수하면서까지 고가의 부동산을 사려고 발버둥 치는가? 가격이 하락한 후에 천천히 사도 된다. 그러면 고통의 시간은 없다.

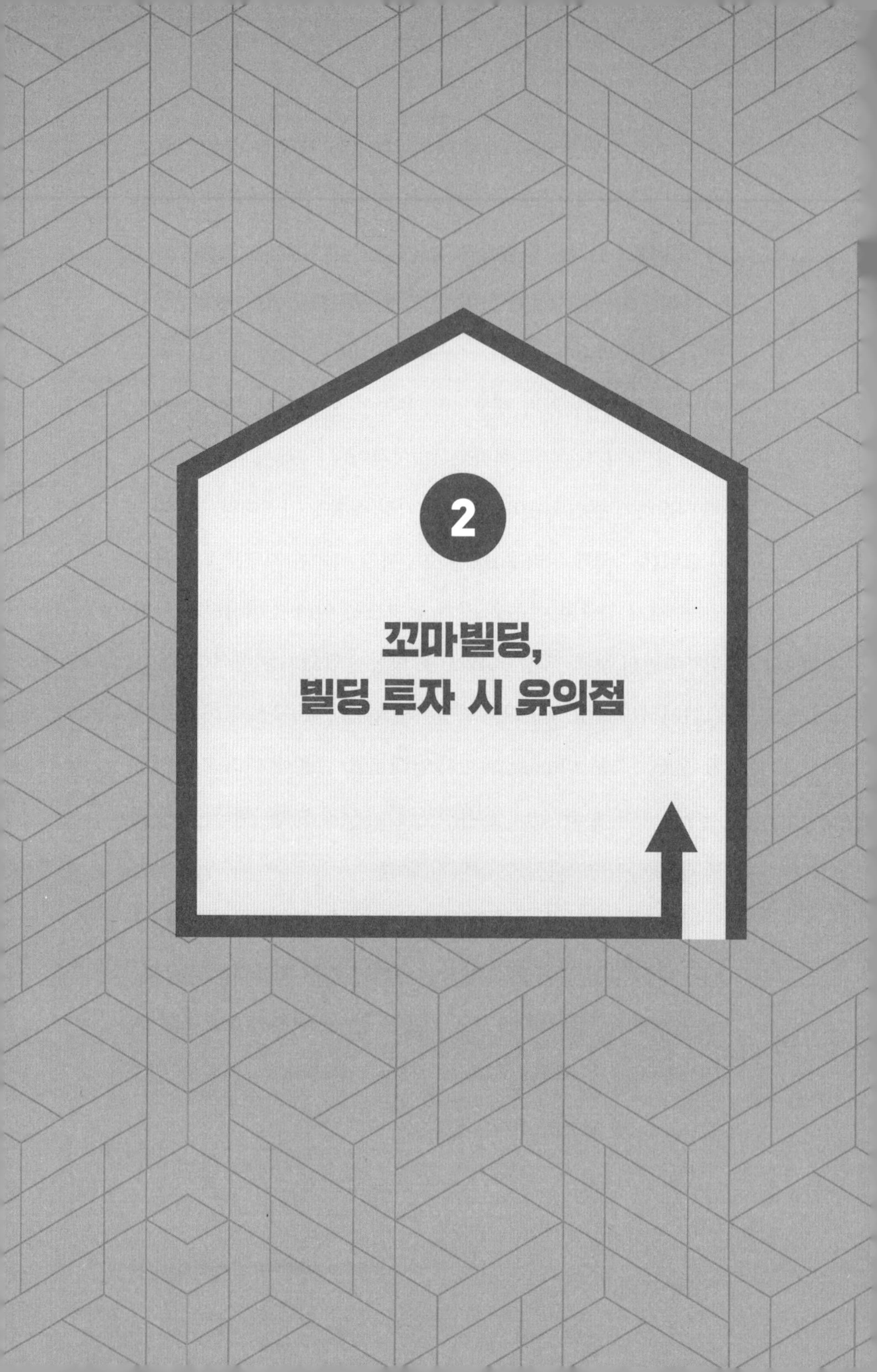

2

꼬마빌딩,
빌딩 투자 시 유의점

소자본화 되고 있는 빌딩 투자

다양한 부동산에 투자를 하면서 투자의 경험을 쌓고 수익 창출의 단맛을 느끼게 되면, 일상 속에서 주변에 흔히 보이던 빌딩들을 그냥 지나치지 않고 자세히 보게 된다. 빌딩의 층수와 규모를 자세히 보게 되고, 어떤 임차인들이 들어와 있는지 하나하나 눈여겨보게 된다.

전문적으로 빌딩에 투자하는 사람들 사이에서는 빌딩 투자가 부동산 투자의 꽃이라고 말하기도 하는데, 최근 부동산 시장 하락으로 인하여 빌딩에 투자하는 금액대가 다소 낮아졌다. 그래도 주택 투자 금액에 비하여 진입 장벽이 여전히 높다 보니 '넘사벽'

이라고 느낄 수 있겠지만 미리 겁먹을 필요는 없다.

빌딩에 투자하는 자산가들은 주택 몇 채 또는 상가 몇 개 정도로 다수의 부동산 자산을 보유하기보다 자신이 가지고 있는 자금 여력을 빌딩 한 곳에 집중하는 것을 더 선호한다.

빌딩에 투자하는 장점 중에 하나는 독립된 건축 구조물이 내 것이 된다는 점이다. 공동 주택이나 집합 건물인 아파트나 오피스텔과는 다르게 빌딩은 소유의 주체가 보통은 한 명이고 단일 소유권을 가질 수 있다. 물론 공동 소유도 있지만 이것은 빌딩 자체를 분할하여 소유하는 것이 아니고 권리를 분할하여 소유하는 것이며, 건물 자체를 분할해 소유하는 구분 소유와는 명백히 다르다고 할 수 있다.

고금리 시대를 맞고 있는 최근 빌딩 투자의 특징은 소형화, 그리고 소자본화되고 있다는 것이다. 흔히 이야기하는 꼬마빌딩이 그것이다. 예전에는 수백억 원대의 빌딩 투자가 보편적이었다면 최근 추세는 수십억 원대로 투자 금액 자체가 줄어들면서 강남뿐만 아니라 지역과 필요에 따라 위치가 확대되고 있다. 또 대로변 큰 빌딩에서 이면도로의 작은 빌딩까지 투자의 대상 또한 확대되는 추세다. 빌딩 투자의 소형화, 대중화가 진행되고 있다고 할 수 있다.

리스크를 고려하지 않으면 빌딩 푸어가 된다

빌딩 부자가 되고 싶은 마음에 마냥 부자를 따라 하다가 피해를 보지 않으려면 반드시 생각해야 할 것들이 있다. 빌딩 투자에 투자자의 자산 비중이 집중되는 것은 상당히 위험하다. 빌딩 투자에는 확인해야 할 사항이 한두 가지가 아니기 때문이다.

내 지인 중에 대기업에 다니다가 퇴직한 후 보유하고 있던 강남의 아파트를 팔고 강북에 4층짜리 꼬마빌딩을 산 사람이 있다. 4층에 본인이 가족과 함께 거주하고 1, 2, 3층은 임대를 주며 여생을 보내려고 했다. 그런데 이 사람은 결국 큰 피해를 봤다. 그 이유는 공실을 염두에 두지 않고 투자했기 때문이다.

투자를 할 때는 이익보다 리스크를 먼저 따져보는 습관이 필요하다. 모든 부동산 투자가 그렇듯 빌딩 투자에도 늘 호황기만 있을 수는 없다. 그리고 지가(땅값) 상승도 빠르게 이루어지는 것이 아니라 오랜 세월을 지나야 얻을 수 있는 것이다. (2019~2022년의 미친 듯한 지가 상승은 아마도 향후 20년 동안은 오지 않을 것이다.)

최근 금리가 급격히 오르면서 경기침체의 우려로 인하여 빌딩 투자 수요가 크게 줄었다. 2022년과 2023년 상반기 빌딩 매매율은 2021년에 비해 절반 수준으로 뚝 떨어졌다. 아파트나 주거용 부동산의 경우 거래량이 떨어지면 가격도 하락할 수 있는데,

2022년 기준 서울시 주요 권역별 매매 거래량 및 거래금액 현황

YBD (여의도권)	거래량	거래금액
2022년	246건	2조 6,370억 원
전년대비	▼51.5%	▼25.0%

CBD (중앙권)	거래량	거래금액
2022년	419건	3조 9,830억 원
전년대비	▼39.9%	▼26.3%

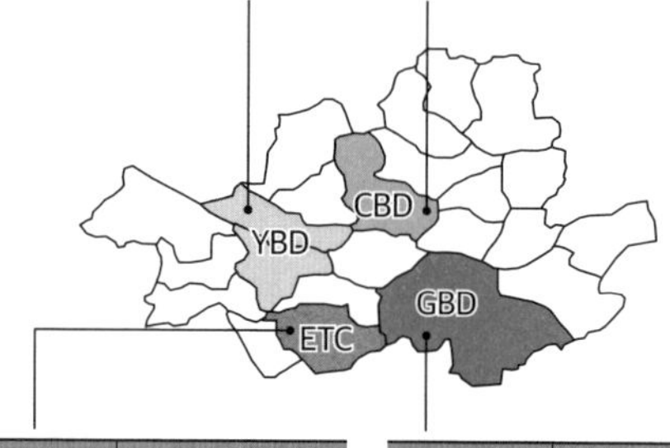

ETC (기타)	거래량	거래금액
2022년	1,148건	8조 7,135억 원
전년대비	▼43.5%	▼36.9%

GBD (강남권)	거래량	거래금액
2022년	392건	8조 5,958억 원
전년대비	▼43.0%	▼31.2%

자료: 부동산플래닛

꼬마빌딩이나 일반 빌딩의 경우에는 거래량이 떨어졌다고 하더라도 가격이 급락하지는 않는다. 그러나 매매량이 줄어 상당 기간 지속된다면 꼬마빌딩의 가격도 하락을 면치 못할 수 있다.

빌딩 투자에서 반드시 고려해야 하는 또 다른 변수는 파생 수요다. 파생 수요는 빌딩에 임차하여 상업과 업무 활동을 하려는 임차인들을 말한다. 만약 임차인들이 줄어들거나 사라진다면 '빌딩 푸어'가 되는 것은 시간 문제인 것이다.

그리고 반드시 기억해야 할 것은 고금리 시기에는 빌딩의 투자 수익률이 많이 저하된다는 사실이다. 그렇기 때문에 임대 수익으로만 빌딩을 살 때 대출받은 이자를 감당하기는 어려울 수도 있다. 이렇듯 순식간에 빌딩 푸어가 될 수 있다.

빌딩 투자 시 자본금은 최소 40%

빌딩에 투자하는 사람들이 빌딩 매입을 할 때 강북보다 강남에 빌딩을 매수하는 사람들이 대출 비율을 높게 가져가는 경향을 보이는데 그것은 강남 땅값은 좀 더 빠르고 높게 올라갈 것이라는 기대감 때문이다. 그래서 빌딩 가격의 80%까지 대출로 빌딩을 매수하는 경우가 있는데, 이는 상당히 위험한 투자다. 금리가 오르면 그만큼 대출 이자 부담이 높아지고, 당연히 투자 수익률 또한 하락할 수밖에 없는 구조이기 때문이다.

빌딩을 매수한다면 자본금이 최소 40% 정도는 돼야 안전한 빌딩 매수라고 할 수 있다. 그런데 자본금을 10%나 20%만 투자해서 빌딩을 매수하려는 사람이 많다. 그렇기 때문에 부동산 하락기나 고금리 시기에는 빌딩 경매가 많이 나오곤 한다.

최근 경기침체로 오피스 시장이 크게 위축되고 상가는 공실률이 넘쳐난다. 상가나 빌딩에 투자하기보다 은행에 돈을 넣어놓는 것이 현실적으로 수익률이 좋기 때문에 꼬마빌딩 투자의 메리트가 많이 떨어졌다. 게다가 경기침체가 와서 공실이 장기화될 경우 투자자는 건물을 잃게 되는 일도 발생할 수 있다.

이 책을 읽고 있는 여러분이 만약에 꼬마빌딩에 관심이 있다면 좀 더 기다리는 것도 좋은 투자 방법일 수 있다. 2023년 부동산 시장이 경색되어 있는데, 빌딩 투자 시장에는 매도자와 매수자 간 눈치 싸움이 치열하다.

나는 상업용 부동산 빌딩 투자자들에게 이런 당부를 하고 싶다. 매수하고자 하는 빌딩에 대해서 매입 자금 조달, 대출 상환 계획 그리고 향후 자산 가치 상승과 캡레이트(수익환원률) 투자 대비 수익률에 대한 깊은 검토가 반드시 필요하다는 것이다. 투자 대상 빌딩에 향후 일어날 수 있는 임대 수익률 변화를 종합적으로 고려한 투자 전략이 필요하기 때문이다.

싸게 사서 가치를 높여라

저금리 시대에는 레버리지를 최대로 일으켜 임대 수익

을 창출하는 투자를 해왔지만 현재와 같이 고금리 시대에는 이런 투자 방식을 시도했다가는 큰코다칠 수 있다. 내가 예측하기로 2023년 이후 빌딩 투자에는 자기 자본 비율이 더 확대될 것이라고 본다. 그 이유는 아주 간단하다. 자기 자본 비율이 낮으면 그만큼 더 위험해지기 때문이다.

그렇다면 자기자본이 많지 않은 사람들은 어떻게 빌딩 투자를 할 수 있을까? 우선 공동 투자의 방법이 있을 수 있다. 투자 자금력이 부족하다면 가족이나 주변의 지인들을 잘 설득해서 같이 투자하는 방법도 있다.

또한 요즘은 지은 지 얼마 안 된 새 건물에 투자하는 것보다 노후화된 건물을 매입해서 외관과 기능을 회복시켜 가치 상승을 노리는 투자가 유행하고 있다. 건물주가 스스로 건물 환경을 바꾸어 가치를 높이는 것이다.

A씨는 2020년 서울시 마포에 있는 30년 넘은 구축 건물을 29억 5천만 원에 매입했다. 워낙 노후된 건물이라 건물값은 쳐주지 않고 땅값만 평당 3,315만 원에 매입했다. 대지는 89평이었는데 부동산 소개비와 취득세 등을 포함하여 약 31억 원이 들어갔다.

이 건물의 가치를 높이기 위해 리모델링 공사를 했는데, 3종 일반주거지역 용적률 상한선인 250%를 거의 꽉 채워 247.29%를 실현했고, 공사비는 약 12억 원이 들어갔다.

그 결과 리모델링 비용보다 더 많은 이익을 낼 수 있었다. 리모델링 전 건물 전체의 임대수익은 보증금 1억 원에 월세 700만 원이었는데, 리모델링 완공 후에는 보증금 2억 원에 월세 1,500만 원으로 껑충 뛴 것이다.

31억 원을 들여 이 건물을 사고 그 후 리모델링을 통해 현재 이 건물의 가치는 70억 원으로 보고 있다. 현재와 같은 고금리 시대에는 구축 빌딩을 매수하여 리모델링을 실행하고 이런 투자를 통해 우량 임차인 유치와 임대료 개선을 할 수 있다. 이것이 투자 대비 고부가 가치의 수익을 실현하는 좋은 투자 방법인 것이다.

성공적인 리모델링을 실현하면 임대 수익률 상승과 건물의 가치 상승이라는 두 마리 토끼를 다 잡을 수 있다. 그래서 건물을 매입하기 전에는 반드시 리모델링을 할 수 있는 범위와 가치를 꼼꼼히 따져본 후 매입을 결정해야 한다.

아마도 2024년이 되면 꼬마빌딩의 매매량은 좀 더 늘어날 것이라고 본다. 고금리를 견디지 못하고 매물로 나오는 2023년, 2024년의 매물들이 있기 때문에 어느 정도 가격이 하락하면 저점 인식이 생겨 매수하려는 세력이 조금 더 늘어날 수 있기 때문이다. 꼬마빌딩의 투자를 고려한다면 최소 2024년부터라는 것을 기억하길 바란다.

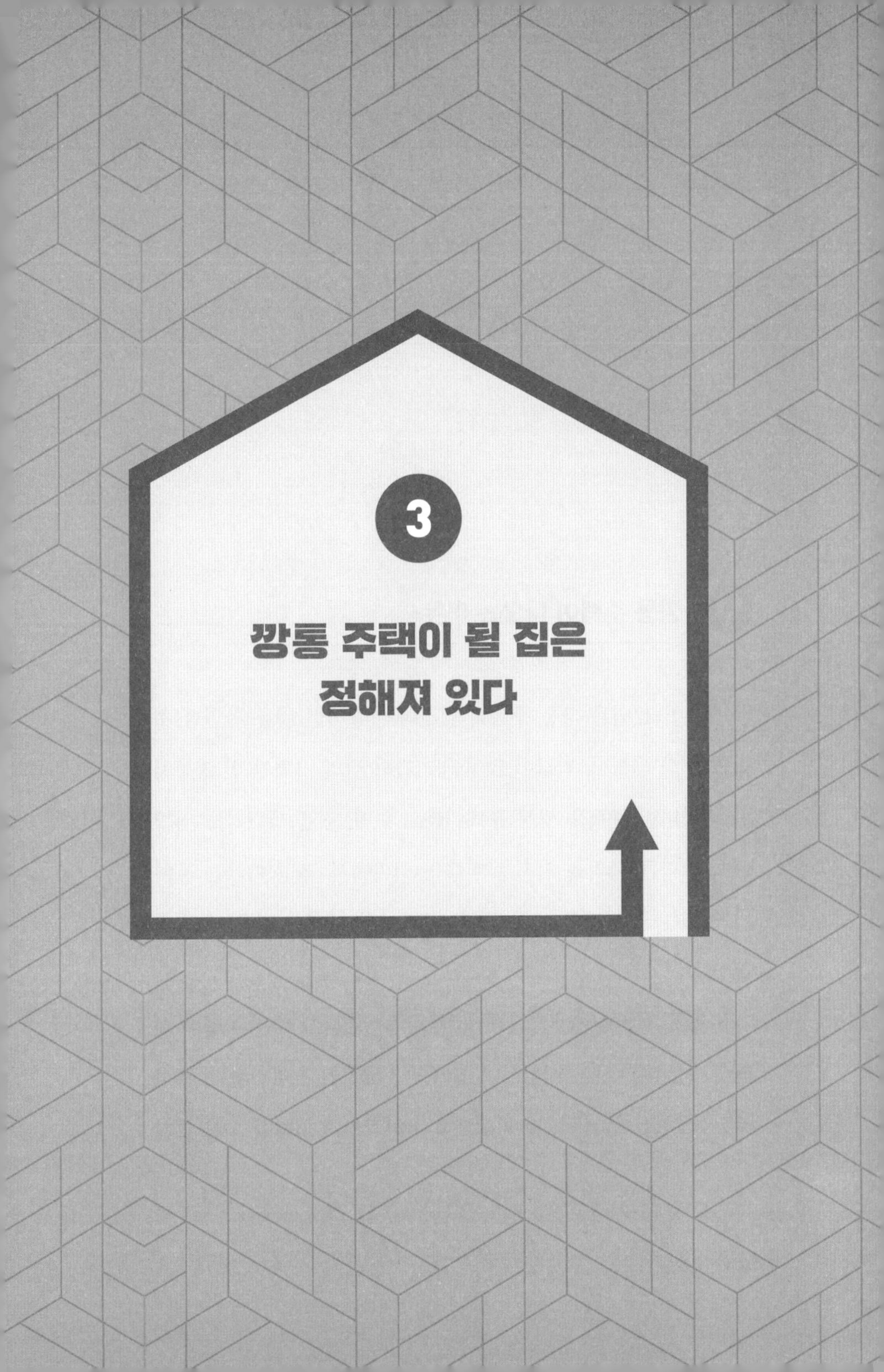

3

깡통 주택이 될 집은 정해져 있다

깡통 주택이 나오는 이유

2022년은 깡통 주택이 엄청나게 늘어난 것을 확인할 수 있었던 한 해였다. 집값이 많이 내려가서 집의 가치가 빈 깡통처럼 되어버린 주택을 깡통 주택이라고 한다. 집을 팔더라도 집주인이 별다른 이익을 얻지 못한다는 의미에서 '깡통'이라는 용어가 붙었는데, 집값의 매매가가 전세가보다 낮거나 같은 것을 가리킨다.

전세가는 보통 매매가의 80% 이하여야 한다고 많은 사람이 주장하지만 나는 60% 이상이면 고가의 전세가라고 판단한다. 특히 부동산 하락 시기에는 몇 퍼센트까지 하락할지 가늠할 수가 없기 때문에 이를 대비해 그나마 안정적인 전세가는 60% 선이라고 보는 것이다.

2021년과 2022년에 지어진 서울 신축 빌라의 전세 거래 수가 3,858건이었는데, 그중에 21%인 815건의 전세가율이 90%를 웃도는 것으로 나타났다. 더 심각한 것은 전셋값이 매매가와 같거나 더 높은 경우도 593건이 조사됐다는 것이다. 이는 집값 상승기에는 안전하다고 할 수 있으나 갑자기 시장이 하락세로 변하면 순식간에 깡통 전세가 될 우려가 있다. 최근 뉴스에 연일 나오는 깡통 전세가 모두 이 경우에 해당한다. 2022년 이후에는 전세가율이 서울 강남의 경우도 50%를 밑돌기 시작했으며, 경기나 인천의 경우도 50%를 밑돌기 시작했다.

2022년 서울시의 깡통 주택 조사를 자치구별로 보면, 서울 강서구가 가장 많은 깡통 주택을 보유한 것으로 나타났다. 특히 강서구 화곡동은 강서구 깡통 주택의 82.2%를 차지할 만큼 화곡동에 깡통 주택 비율이 높았다. 그 이유는 화곡동은 다세대 연립 빌라가 많은 대표 지역이기 때문에 그렇다. 그리고 인근에 김포공항이 있어 고도제한에 묶인 곳이 많기 때문에 10층 내외의 빌라와 저층 주거단지가 밀집된 지역이 많으며, 집값이 다른 지역보다 저렴해서 서민들이나 젊은층의 주거 수요가 많은 동네로 손꼽힌다.

서울 신축 빌라 깡통 주택 비중

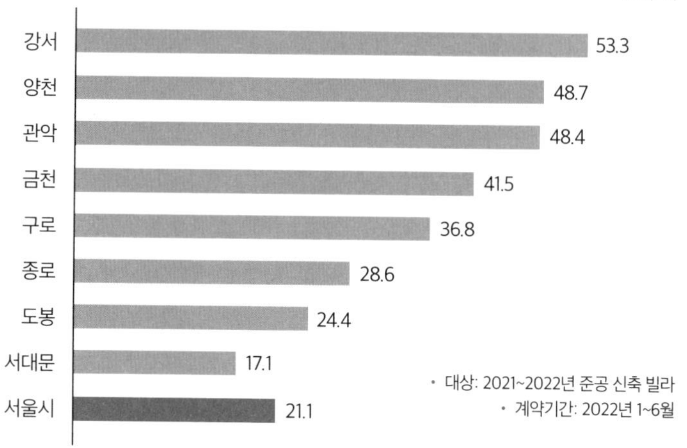

자료: 국토교통부

화곡동에 깡통 주택이 많이 발생한 이유는 집값 급등기에 화곡동도 집값에 거품이 끼면서 급등했기 때문이다. 그 급등했던 시기에 비싼 전세 가격을 주고 들어간 임차인이 많은데, 집값 하락기에는 더 가파르게 하락하기 때문에 깡통 주택이 발생할 수밖에 없다. 특히 신축의 경우는 가격을 가늠할 수 없기 때문에 신축을 짓고 분양하는 업자들이 부르는 값이 곧 가격이다.

그다음 깡통 주택이 많은 지역으로는 양천구가 있다. 양천구 역시 화곡동과 같은 이유일 수 있는데, 노후주택이 많으며 빌라나 다세대 연립 같은 곳을 신축할 경우 역시 가격의 추이를 추산

할 수 없기 때문에 건축업자들이 부르는 대로 가격이 매겨진다. 하락 시에는 화곡동과 마찬가지로 크게 매매가가 하락하기 때문에 깡통 전세가 나오는 것이다.

보증보험을 악용한 전세 사기 수법

집값이 15% 하락하면 보유 중인 주택을 처분해도 전세 보증금을 돌려주지 못하는 임대인이 1만 가구가 될 것이라는 분석이 있다. 그런데 2023년 상반기인 현재 집값이 평균 최소 30%는 하락했기 때문에 보증금을 돌려주지 못하는 임대인의 가구 수는 더 늘어났다고 보는 것이 정확하다.

깡통 주택을 양산한 원흉, 속칭 '빌라왕'들의 전세 사기 수법은 보증보험에 가입이 되니까 안심하라면서 세입자와 높은 가격에 전세 계약을 맺은 뒤 보증금을 빼돌리는 것이다. 다시 말해 보증보험을 악용하는 것이다.

보증보험에 가입할 수 있는 연립 다세대 빌라의 전세가율은 2013년에 70%, 2014년에 80%에서 2017년 문재인 정부에서는 100%까지 높아졌다. 그러던 차에 2018년부터 아파트의 가격이 오르기 시작했다. 2019~2021년에 아파트 가격이 급등할 때 특히 자본금이 부족한 젊은 세대가 깨끗하고 잘 지은 신축 빌라에 눈길을 돌리면서 소위 빌라왕이라고 하는 사기꾼들의 먹잇감이 되기 시작했다.

이들이 주택도시보증공사(HUG)의 전세보증금 반환 보증보험을 이용해서 전세 사기를 친 후 깡통 주택을 양산한 사례가 속출하면서 여러 가지 해법이 나왔다. 2023년 5월부터는 전세보증금이 집값의 90% 이하인 주택에만 전세금 반환 보증보험에 가입할 수 있게 된다.

사실 조심만 한다고 해서 전세 사기를 피할 수 있는 것은 아니다. 빌라를 임차하거나 살 때 가격이 형성돼 있지 않은 것을 노려서 감정 평가사와 임대인이 짜고 시세를 부풀리는 폐단도 있기 때문이다.

전세 사기를 치면서 사람들에게 피해를 준 피의자들의 직업을 보면 공인중개사가 19.2%, 임대인이 16.8%이다. 우리가 부동산을 임차하거나 매수할 때 공인중개사를 거칠 수밖에 없는데 공인중개사의 비중이 가장 큰 것이다. 그다음으로 브로커 역할을 하는 사람들이 11.7%, 그리고 건축주가 7.6%를 차지한다. 일부 공인중개사와 감정평가사가 짜고 조직적인 전세 사기에 가담한 것으로 드러났기 때문에 더욱더 조심할 필요가 있다.

전세 사기 주요 피의자 현황

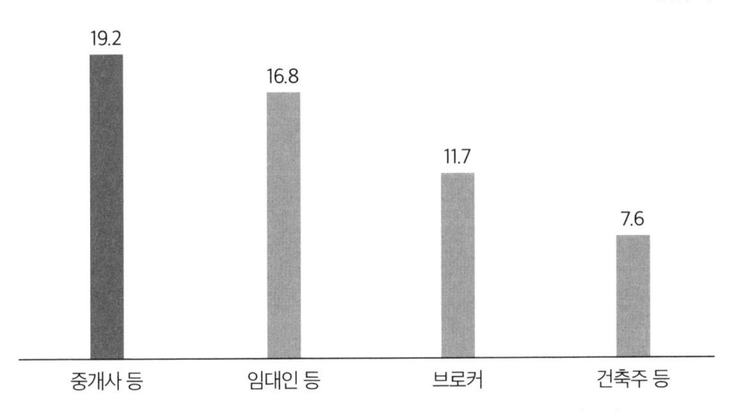

자료: 경찰청, 국토교통부

깡통 주택을 피하는 법

그럼 어떻게 해야 깡통 주택을 피할 수 있을까? 여러 가지 방법이 있지만 나는 아주 기초적인 방법을 권한다.

깡통 전세는 주로 신축된 지 얼마 되지 않은 오피스텔이나 다세대 빌라 같은 곳에서 주로 발생하는데, 임차인들이 주변의 시세를 찾아보려고 해도 비교적 찾아보기 어렵기 때문에 임차인들은 실수를 할 가능성이 커진다.

네이버 부동산에 올라와 있는 매물 가격들은 대부분 집주인이 희망하는 희망 가격이지 매수가는 아니다. 그런데 많은 사람이 네이버 부동산에 올라와 있는 분양가 또는 거래액을 그대로 믿어서 착각할 수 있고, 실제로 그런 상담이 많이 들어온다. 따라서 수고롭지만 최근 3~4개월 동안 인근 지역에서 거래된 빌라나 오피스텔을 꼼꼼히 살펴서 평당 전세가를 확인해본 뒤 평균적으로 얼마가 나오는지 시세를 산출해서, 최대한 안정적인 가격으로 거래해야 한다.

전월세 계약을 할 때 융자가 많은 주택을 계약할 땐 다음과 같은 몇 가지 위험 부담을 체크해야 한다. 집주인에게 융자를 갚고 나서 계약하자는 제안이 우선이다. 만약 집주인이 은행에서 받은 대출이자를 제때 갚지 못하고 집을 팔아서도 해결하지 못할 정도로 집값이 하락한다면 경매로 넘어갈 확률이 높아진다. 그렇게 되면 보증금을 회수 하지 못하는 일이 일어날 수 있고 2022년엔 실제로 수천 건이 발생했다.

계약 기간이 끝나 이사를 갈 때도 위험하다. 제때 보증금을 돌려받지 못할 수도 있기 때문이다. 임대인은 새로운 임차인으로부터 보증금을 받아서 돌려주려고 할 텐데, 새 임차인을 구하지 못하면 이사를 나가는 시기도 놓칠 수 있기 때문에 주의해야 한다. 그래서 요즘은 '임차권등기'를 하는 사람도 늘어나고 있다.

또 주의해야 할 것은 보증보험에 동의하는 조건과 전세자금대출 조건을 내세우며 임차인을 속이는 사례가 많다는 것이다. 가계약금을 주고 계약 성립을 하기 전에 문자나 서면으로 보증보험이 가입되는 조건을 확인할 뿐 아니라 '불가능 시에는 가계약금도 반환한다' 또는 '전세자금 대출 가입 조건 또 불가능 시 가계약금을 반환한다'는 기록을 남겨두어서 가계약금을 떼이지 않게 해야 한다.

누구나 깨끗하고 좋은 집에서 살기를 원한다. 하지만 깡통 전세는 그런 사람들의 심리를 이용해서 저지르는 계획된 부동산 거래라고 보면 된다. 앞에서 언급했듯 전세나 월세를 계약할 때 집주인이 자금의 여유가 없어서 다음 임차인을 구해야만 내 보증금을 돌려받을 수 있는 경우가 있다. 이런 경우 반드시 사람들이 선호하는 집이어야 빠르게 임차인을 구하고 내 보증금을 돌려받을 수 있기 때문에 이 점도 꼭 살펴야 한다.

주택 거래는 '심리적 거래'라는 것을 기억해야 한다. 연애를 할 때 더 사랑하는 사람이 을의 입장이 된다는 말을 흔히 한다. 주택 거래에 있어서도 그 집을 더 원하는 사람이 사기를 당할 확률이 높아진다. 그러므로 집이 마음에 든다고 덥석 계약하기보다는 냉정하게 따져보는 습관이 필요하다. 장점만 보고 결혼을 하면 실패할 확률이 높듯 부동산도 반드시 단점까지 체크를 해야 한다.

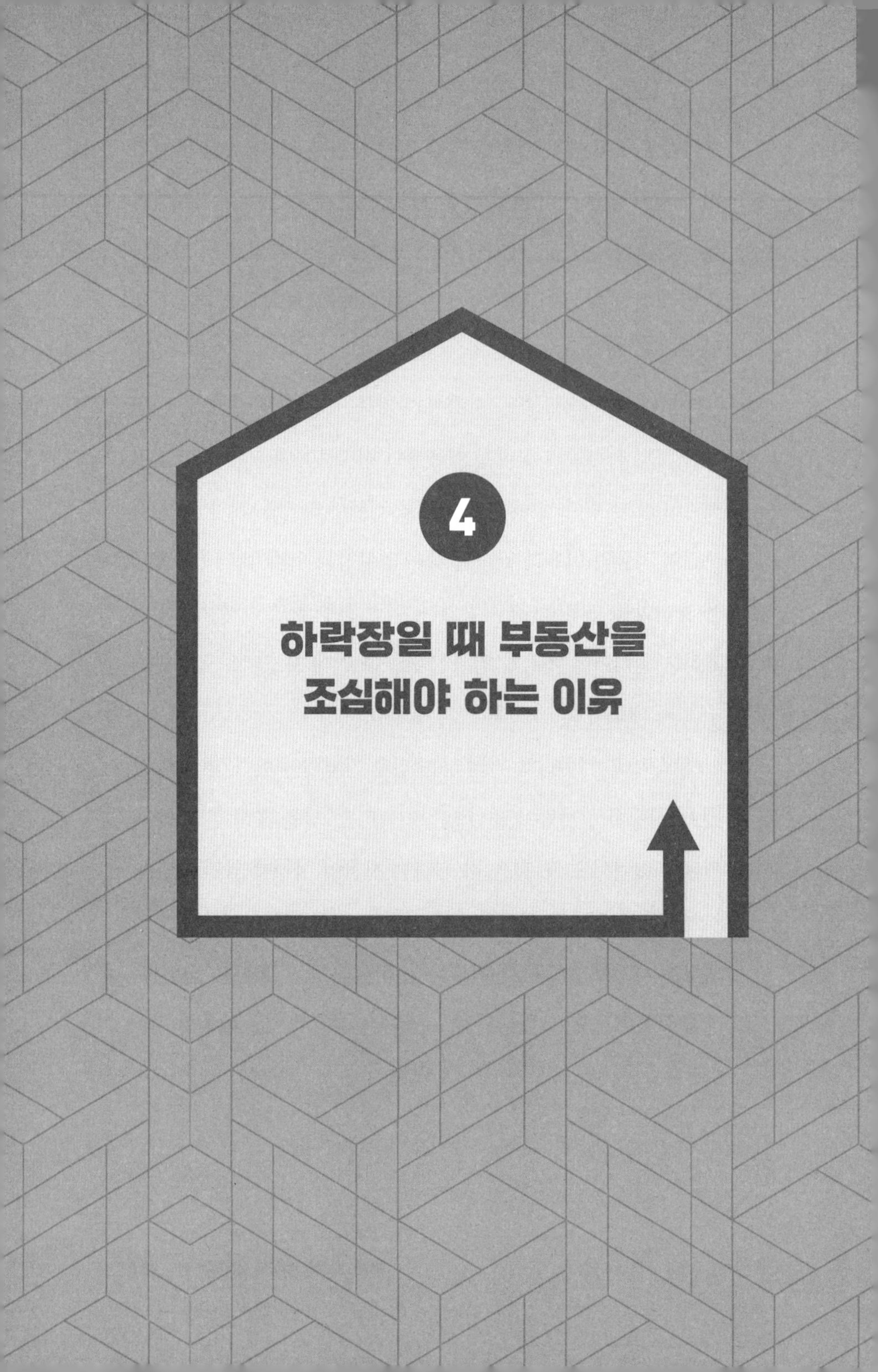

4

하락장일 때 부동산을 조심해야 하는 이유

대세 하락장에서는 '마피'가 속출한다

2023년 1월 한 달 사이에만 1만 호 이상의 미분양 아파트가 등록되면서 2012년 이후 10년 만에 미분양 아파트가 최대치로 나왔으며 3월 현재 미분양은 전국적으로 7만 5천 호가 된다.

2022년 부동산 시장은 2021년 청년 세대를 중심으로 영끌 공포 매수, 패닉 바잉의 마침표를 찍었다. 갑자기 벌어진 금리 인상 그리고 금리 인상의 속도는 정말 가팔랐다. 그렇게 2021년 하반기부터 하락하기 시작했고, 2022년 여름을 기점으로 본격화된 하락장은 시간이 갈수록 낙폭을 더 키우고 있었다.

우리가 이번 기회에 배워야 하는 것은 대세 하락장에서는 분양가를 밑도는 마이너스 프리미엄(이하 '마피')도 속출한다는 사실이다. 나는 이 부분을 참 많이 강조해왔는데 처음 이런 말을 했을 때 믿지 않는 사람이 정말 많았다. 그러나 이것이 현실이 되고 나니 많은 사람이 실감하고 있다.

2023년 2월 13일 국토교통부 실거래가를 보면, 서울시 강남구 개포동 개포프레지던스 자이 전용면적 84㎡의 경우 입주권이 2023년 1월 18일에 22억 9,500만 원에 팔렸다. 이것은 2021년 11월 29억 5천만 원에 최고가로 거래되어, 불과 1년 2개월 만에 6억 5,500만 원이 낮아진 가격이다. 분양가보다도 하락한 마이너스 거래가 이루어진 것이다.

더욱 놀라운 것은 2024년 1월 입주를 앞둔 서울 송파구 송파 더 플레티넘 아파트도 초급매, 마피 등 분양권 매물이 상당수 올라와 있다는 사실이다. 전용면적 65㎡의 경우 분양가가 14억 5,140만 원이었는데, 1억 5천만 원의 마피를 내걸고 13억 140만 원에 버젓이 매물로 나와 있다.

특이한 것은 이 아파트에는 고분양가 논란이 있었다는 사실이다. 2022년 1월 일반 분양 29가구 모집에 7만 5천여 명이 몰리면서 2,600 대 1의 경쟁률을 기록한 것이다. 이것이 왜 놀랍냐면, 2021년 하반기부터 떨어지기 시작한 부동산 시장을 제대로 읽지 못하고 2022년 1월에 사람들이 불나방처럼 달려들었다는 뜻이기 때문이다. 그리고 불과 몇 개월이 지나 마피가 붙어서 매물로 나오게 된 것이다.

부동산 시장을 빨리 읽지 못하면 이처럼 7만 5천 명이 몰린 2,600 대 1의 경쟁률의 뚫고 아파트를 분양받고도, 그 기쁨이 그리 오래가지 않는다.

이 시기에 나는 이런 내용의 상담 메일을 받았다.

"공인중개사가 다음 달이면 1억 원 더 오를 수 있다고 자신 있게 말하더니 며칠 매수를 고민하는 사이 기존 가격보다 2억 원을 낮춰준다고 연락이 왔네요. 매수 시점을 더 늦춰야 하는지 고민이 됩니다."

공인중개사 입장에서는 빨리 계약을 성사해야 하기 때문에 가격이 더 오른다고 이야기할 수 있다. 그러면서 빨리 계약을 치르려고 하는데, 오히려 그 반대로 계속 가격이 낮아지고 있었다.

부동산 하락기에 또 조심해야 할 것은 앞서 설명한 전세 사기다. 가격이 급락하면서 전세가가 매매가보다 높아지기 때문에 집주인들은 집에 대한 소유욕이 없어지면서 책임감도 없어지는 경우가 많다. 그렇기 때문에 깡통 전세로 인해서 피해를 보는 사례가 많이 발생한다.

헛된 기대를 버리고 장기적으로 바라보라

보통 집값이 떨어지는 하락장에서든 집값이 올라가는 상승장에서든 '지금 팔아야 하나, 아니면 지금 사야 하나?'라는 고민이 생긴다. 주식 시장에 "달리는 말에 올라타라"라는 말이 있다. 상승장에 계속 올라갈 것 같은 종목을 사서 그 올라가는 속도에 이익을 극대화하라는 뜻이다. "떨어지는 칼날을 맨손으로 받지 마라"라는 말도 있다. 하락 시기에는 그 하락의 끝을 섣불리 판단해서 매수하면 안 된다는 뜻이다.

부동산도 마찬가지라고 본다. 부동산 하락장에는 투자 수요든 실수요든 부동산을 매수하기가 어려워진다. 투자 수요자는 전세입자를 구해서 그 갭을 통해 적은 금액을 가지고 집을 구매한 후 값이 뛰었을 때 시세 차익을 노리고 갭투자를 한다. 그런데 하락 시기에는 전세입자를 구하기가 어려워진다. 매수 초기에 자본이 많이 들기 때문에 하락 시기에는 투자 수요가 줄어드는 것이다.

그렇다면 실수요자는 어떨까? 실수요자도 하락 시기에는 매수를 할 수가 없다. '내가 산 가격보다 더 떨어지면 어떻게 하나?'라는 심리가 작용하기 때문이다. 그래서 보통의 부동산 거래량은 가격이 바닥을 찍고 위로 살짝 올라왔다고 느낄 때 좀 더 늘어난다.

2023년 1월 3일 정부가 규제 해제를 발표하면서 아파트의 거래량은 늘었다. 그 이유는 규제 혜택의 여러 가지 장점도 있지만 '바닥이 아닌가 싶다'라는 생각 때문이다. 바닥에서 이젠 찍고 올라갈 것이라는 심리 때문에 매수세가 좀 붙은 것이라고 본다.

지금처럼 집값이 떨어지는 하락장에서 어떤 선택을 해야 할까? 지금 이 시기에는 집값이 완만하게 떨어지는 것이 아니라 급락한 매물이 쏟아지기 때문에 40%, 50% 급락한 매물이 내 앞에 다가오면 사야 한다고 생각한다. 물론 더 하락할 수도 있겠지만 더 하락할 위험보다는 보합을 유지할 가능성이 높기 때문이다.

보통 사람의 심리는 부동산 상승기에 지금 사지 못하면 가격이 더 뛰어버릴 것 같은 조바심을 느낀다. 그래서 실수를 하고 만다. 반면 하락 시기에는 지금 사면 오히려 가격이 더 하락할까 하는 불안감 때문에 사지를 못한다.

부동산 하락 시기에 가장 조심해야 할 부분은 '내가 사면 바로 V자 반등을 할 거야'라고 하는 헛된 기대다. 매수자 입장에서야 기가 막힌 타이밍에 매수를 해서 기분이 좋을 수 있지만 지금 시장의 상황에서 V자 반등은 어렵다. 다만 장기적 측면에서 바라보고 지금 매수한다면 성공적인 투자가 될 수도 있다고 본다. 집값 상승 시기에 '지금 사지 않으면 영원히 내 집 마련을 못할까' 걱정하기보다 오히려 하락 시기에 더 하락할 거라고 생각하고 집을 사는 것이다. 그렇게 하지 않는다면 영영 집을 못 살지도 모른다.

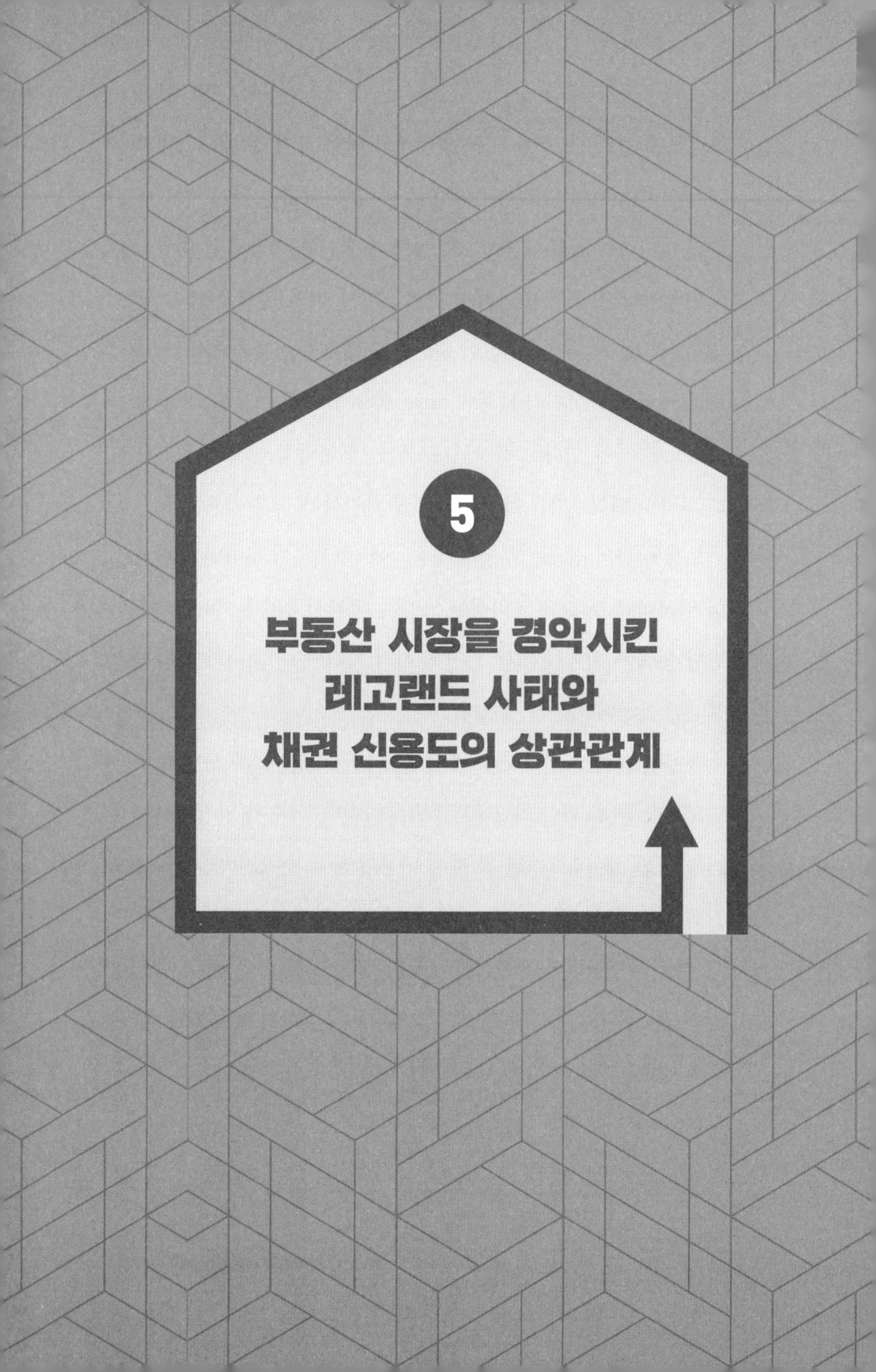

5

부동산 시장을 경악시킨 레고랜드 사태와 채권 신용도의 상관관계

분양받을 아파트 건설사가 부도가 났다면?

집이 없이 반평생을 살다가 어렵게 신축 아파트를 분양받았다는 A씨는 최근에 불안감에 숨이 멎을 것만 같은 일상을 보내고 있다. 분양받은 아파트가 공사 중인데 불행하게도 시공을 맡은 건설사가 부도나기 직전이라는 것이다. 이처럼 계약금과 중도금을 이미 납부해버려서 매우 불안하게 하루하루를 살고 있다는 수분양자가 많다.

"이미 납부해버린 금액을 돌려받을 수 있을까요? 아니면 이 금액은 손해를 봐야 하는지 불안해서 살 수가 없습니다."

이런 상담 글이 나에게 일주일에 서너 건씩 오는데, 사실 이런 문제는 그 내용을 알면 충분히 대응할 수 있는 문제다. 2022년 대형 건설사인 롯데건설을 시작으로 중견 건설사인 대방건설, SGC 이테크 건설, 신영 세종건설 산업, 중흥토건 등 굴지의 건설회사들이 자금 조달의 난관을 겪으면서 계열사를 통해 자금을 긴급 수혈을 해가며 자금경색을 막기 위해서 고군분투하는 모습이다. 이를 지켜보는 이들의 불안감은 커져가고 있고 시장에서는 이미 여러 말이 흘러나오고 있다.

2022년 상반기에만 해도 굴지의 몇몇 건설사들이 부도 처리되었으며, 하반기에 들어서는 충남 종합건설업체 6위였던 우석건설이 서충주 신도시 월드메르디앙 아파트를 짓다가 최종 부동 처리되기도 했고, 경남지역 도급순위 18위였던 동원건설산업이 22년 11월 말에 도산해서 시장에 불안감을 키웠다.

시공하던 건설사가 갑자기 부도가 나면 공사가 중단될 텐데, 언제 다시 짓게 되는지, 입주는 어떻게 되는지, 그리고 그동안 다 납부한 분양대금은 어떻게 되는지, 돌려받을 수 있을지 걱정하는 사람들이 많을 수밖에 없다.

분양받은 새 아파트 시공하는 건설사가 부도가 나면 수분양자들에게 두 가지의 선택권밖에 없다. 첫째는 지금까지 낸 분양대금을 환급받는 것, 두 번째 다른 시공 건설사를 지정해 공사를 계속 진행시키는 것이다. 만약 공사 진행률이 건설사 부도 일을 기준으로 80% 이상이라면 다른 선택적 사항 없이 자동으로 분양 이행이 결정된다는 것을 명심해야 할 것이다. 분양 이행이 결정된다는 것은 두 가지 중 선택할 수 없고, 그냥 분양을 받아야 한다는 뜻이다.

전체 아파트 계약자의 3분의 2 이상 동의를 받았다면 환급 이행 청구 서류을 주택도시보증공사에 제출해야 한다. 주택도시보증공사는 계약자 동의 서류을 받은 후 보통 1개월 안에 분양 대금을 돌려주는데, 한곳의 사업장에서 계약자 개개인이 분양 대금을 개별적으로 환급받는 형태는 불가능에 가깝다.

그러나 예외 조항도 있다. 분양 계약자가 사망한 경우나 세대주 및 세대원 전원이 해외로 이주하는 경우에 한해서는 개별 환급해 준다. 이런 상황을 미리 알고 부도에 관해서는 사업장에 대응하면 된다.

만약 다른 건설사를 골라서 공사를 계속 진행하기로 했다면 주택도시보증공사가 시공사를 다시 지정한다. 지정된 회사가 기존의 설계 도면과 공사 진척 사항을 파악한 뒤 재시공에 나서려면 시간이 최소 6개월에서 길게는 2년 정도 더 소요될 수 있기 때문에 입주 일이 미뤄질 수도 있다.

그런데 부도 시기에 따라 약간의 차이는 있다. 예를 들어 입주를 목전에 둔 시점에 건설사가 부도가 난 경우라면 임시 사용 허가를 받고 입주할 수도 있다. 이때는 수분양자들이 잔금의 50%만 납부해도 된다. 그리고 나머지 50%는 검사를 할 때 납부하면 되는 것이다. 만약 이런 내용을 잘 알지 못하고 잔금을 100% 납부했다면 100% 중 50% 부분은 선납금으로 인정되기 때문에 보증을 받지 못한다는 것을 주의해야 한다.

아파트도 그렇지만 많은 사람이 피해를 입는 것이 오피스텔이다. 오피스텔은 법 특성상 주택법이 아닌 건축물 분양에 관한 법률을 적용한다. 그래서 오피스텔 수분양자의 경우 시행사나 시공사가 자금난으로 부도 처리된 경우 아예 입주하지 못할 수도 있다는 점을 기억해두자. 또 하나 조심해야 할 부분은 사업단지의 분양 물량이 30가구가 넘지 않으면 보증의 보호를 받을 수 없다는 것이다. 이 역시 주택법이 아닌 건축물 분양에 관한 법률에 따른 것이다.

채권 투자자의 부재로 사업비를 떠안다

기준금리 인상으로 사실상 부동산 시장에는 찬바람이 불기 시작했는데, 그것을 완전히 얼어붙게 만든 사건이 있었다. 강원도가 레고랜드의 채무 불이행을 선언한 이후 부동산 시장에는 돈줄이 말랐고 '돈맥경화'가 본격적으로 나타났기 때문이다. 강원도가 지급 보증한 레고랜드 채권이 부도가 나면서 자금경색이 더 심각해졌다. 이에 사태의 심각성을 인지한 강원도는 2022년 12월 15일까지 보증 채무 2,050억 원을 전액 상환하겠다고 계획을 번복했지만 시장의 우려는 쉽게 가라앉지 않고 있다.

일련의 레고랜드 사태를 아주 간단하게 설명해보겠다. 부동산 개발을 하거나 특정 사업을 시작하려면 막대한 자금이 필요한데, 이때 사업을 하는 주체가 기업이라면 자금을 조달하는 방법은 크게 세 가지다. 첫 번째, 유상 증자를 통해 주식을 발행해서 자금을 조달하는 방법. 둘째, 은행에 대출을 통해서 자금을 조달하는 방법. 셋째, 직접 채권을 발행해 기관이나 투자자에게 돈을 빌려서 자금을 조달하는 방법.

레고랜드는 이 중 세 번째 방법인 채권 발행을 통해 자금을 조달했다. 채권은 돈을 빌렸을 때 발행해주는 일종의 차용 증서로, 일정 기간 돈을 빌려 쓰고 만기가 오면 원금과 함께 이자를 지급한다는 내용을 담고 있다.

레고랜드의 사업 주체는 강원도였으니 강원도가 채권을 발행했다. 그런데 그 채권을 갚지 못하겠다고 채무 불이행 선언을 했고, 그 결과 부동산 시장에 신용 경색이 오기 시작한 것이다. 그러

레고랜드 건설 자금 조달 구조도

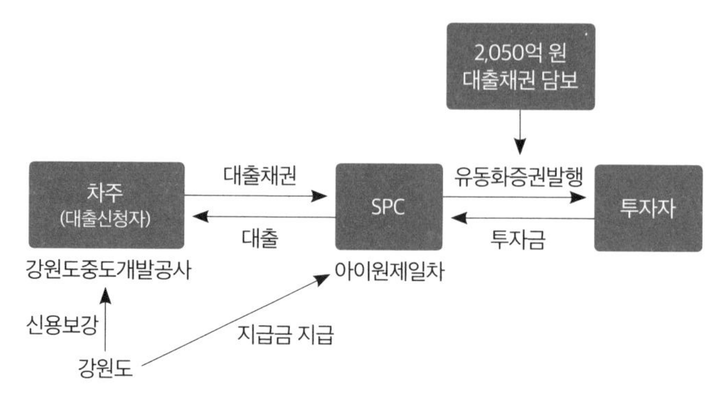

자료: 한국신용평가

니까 레고랜드 사태는 가뜩이나 힘이 들고 지쳐 있는 채권 시장에 무거운 짐 덩어리를 더하는 역할을 했다.

레고랜드 사태가 터지기 전에도 채권 시장은 상황은 녹록지 않았었다. 시장에서는 최상위 신용을 보장하는 AAA급 채권마저 유찰되는 일이 비일비재하다.

한국전력공사의 AAA급 신용등급의 예를 보면, 2년 만기 채권 2천억 원과 3년 만기 2천억 원에 대한 입찰을 진행했지만 3년 만기 채권에 대해서는 투자자를 찾지 못했다. 국가기관이라고 할 수 있는 한국전력공사마저도 이처럼 채권 투자자를 찾지 못하던 시기였다.

우리가 알고 있는 서울 강동구 둔촌주공의 문제도 레고랜드 사태와 비슷하다. 단군 이후 최대 재건축 사업장이라고 불리던 서울 강동구 둔촌주공 PF가 차환에 실패했다. 발행했던 채권의 원금을 상환하기 위해 채권을 새로 발행하려고 했는데, 이것을 사겠다는 투자자를 구하지 못한 것이다.

결국 자금을 구하지 못하면서 보증을 선 시공사가 보증한 사업비 7천억 원을 대신 갚기로 했다. 건설사별로 보면 현대건설 1,960억 원, HDC 현대산업개발 1,750억 원, 대우건설 1,645억 원, 롯데건설 1,645억 원으로, 사업비가 시공사의 짐으로 넘어가게 된 것이다.

이와 같은 사업장은 둔촌주공만의 문제가 아니었다. 이 당시 PF 대출 규모는 150조 원에 달했는데, 2023년 상반기까지 만기가 도래하는 PF나 ABCP(부동산 자산을 담보로 발행한 기업 어음)의 만기 금액은 약 90조 원에 달했다.

2023년 현재 부동산 시장에는 언제 부도가 날지 예측할 수 없는 사업장이 전국에 널려 있다. 멀정한 사업장이 아파트나 오피스텔 혹은 다른 건물을 잘 짓다가도 하루아침에 부도를 맞이할 수 있다. 그렇기 때문에 부동산 하락기에는 분양받는 것도 상당히 신중하게 고려해야 할 사항이다.

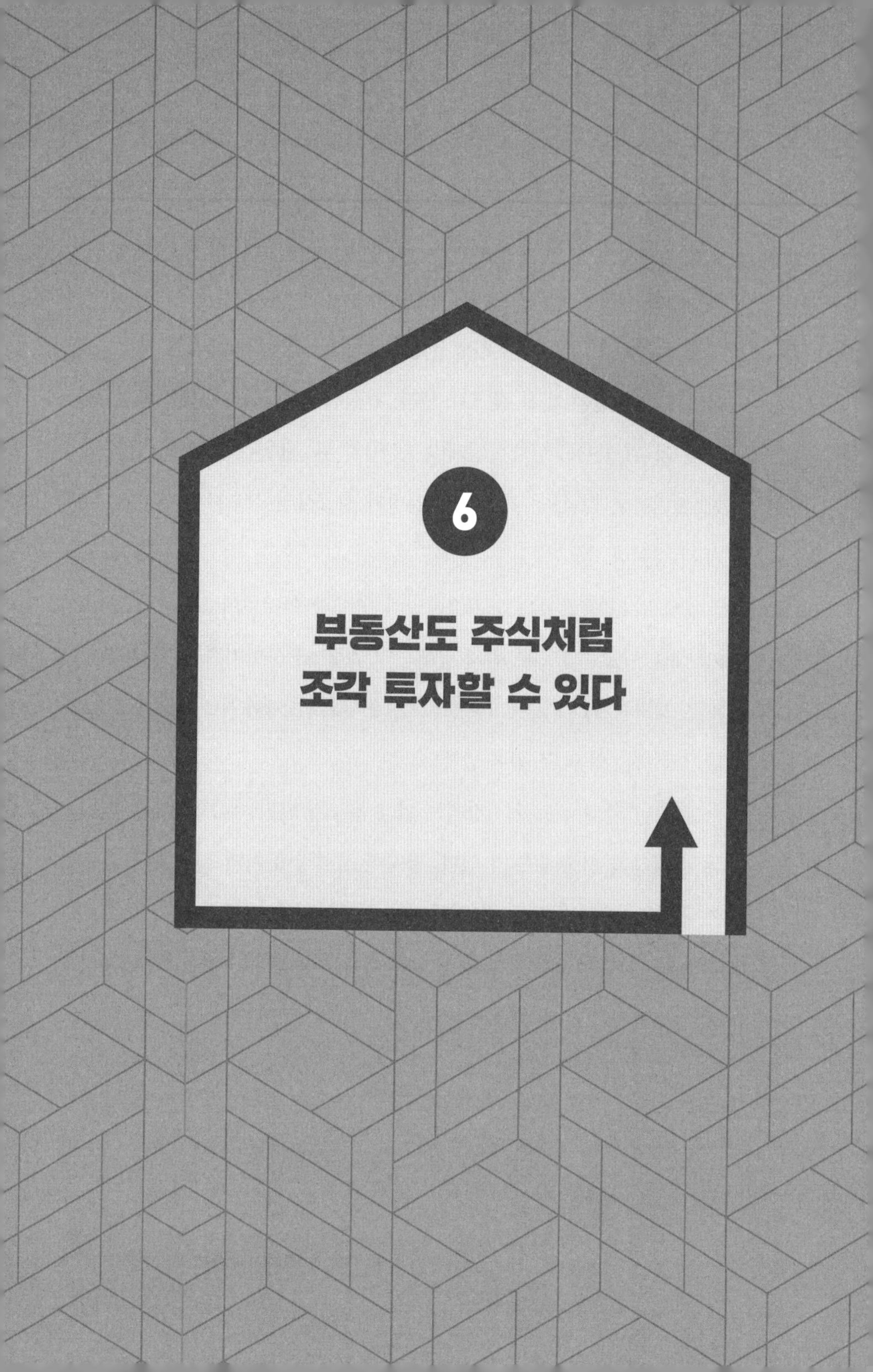

6

부동산도 주식처럼 조각 투자할 수 있다

부동산 투자기법의 변화, 조각 투자

부동산 투자에는 큰돈이 필요하기 때문에 소액 투자를 중점으로 하는 개인이 단독으로는 투자하기 어렵다. 이때 조각 투자가 대안이 될 수 있다. 거액의 투자 상품을 여러 조각으로 나누어 다수가 함께 투자할 수 있도록 하는 조각 투자는 공동 투자에 대한 이익을 함께 배분받는 방식의 투자다.

금융위원회에서는 조각 투자를 '2인 이상의 투자자가 실물 자산이나 그 외 재산적 가치를 지닌 기타 자산에 대한 권리를 나누어 투자 및 거래하는 형태의 신종 투자'라고 정의했다. 조각 투자는 2017년에 도입되었지만 아직 잘 알려지지 않았다.

2020년부터 비로소 활발해진 조각 투자는 투자 운용사 입장에서 볼 때 향후 가치가 오를 것이라고 판단되는 자산을 매입하고 이것을 여러 개로 나누어 소유권과 수익 청구권을 각각 부여해 보관, 관리, 운용하며, 개인 투자자를 상대로 판매하는 형태다.

조각 투자는 꼭 부동산에만 적용되는 것은 아니다. 미술품, 음악 저작권, 명품, 슈퍼카, 영화 및 드라마, 웹툰 등의 콘텐츠까지 매우 다양한 조각 투자가 앞으로 더욱 활성화될 것이다.

이런 시장의 흐름을 알기 위해서는 아주 기초적인 것을 먼저 알아야 한다. 먼저 '프롭테크(Proptech)'라는 용어부터 알아보자. 프롭테크는 부동산 자산(property)과 기술(technology)의 합성어다. 인공지능(AI), 빅데이터, 블록체인 등 첨단 정보기술(IT)을 결

국내 주요 프롭테크 기업 현황

분류	기업명
상업용 부동산	부동산플래닛(빅데이터, AI 기반 종합 서비스), 알스퀘어
주거용 부동산	직방(가상오피스 SOMA), 다방, 집토스
조각 투자	카사, 펀블
분양	프리미어홀딩스(분양 대행 관리), KP디지털마케팅(AI 기반 부동산 분양 정보)
인테리어	오늘의집(인테리어 플랫폼), 어반베이스(3D 공간 데이터 플랫폼)

합한 부동산 서비스를 말한다. 부동산 중개, 사이버 모델하우스 같은 3차원(3D) 공간설계, 부동산 크라우드펀딩, 사물인터넷(IoT) 기반의 건물관리 등이 프롭테크에 해당한다.

프롭테크를 더 쉽게 설명하기 위해서는 이 회사를 언급하지 않을 수 없다. 2006년에 홈페이지를 개설하면서 사업을 시작해 2011년에 나스닥에 상장한 미국 온라인 부동산중개회사 질로(Zillow)는 대표적인 프롭테크 업체로 평가받는 부동산 플랫폼 회사로, 미국 부동산 업계의 아마존이라고도 불린다.

질로는 미국 3천여 개 도시의 공공데이터를 바탕으로 집값을 실시간 산출하는 서비스를 제공하고 있고 그것을 바탕으로 질로 루렌트지수(Zillow Rent Index)를 발표한다. 이는 신뢰도가 높아 주택 가격의 변화의 추이를 살펴보는 지표로도 사용된다.

그렇다면 질로는 무엇으로 돈을 벌까? 주요 비즈니스 모델은 주택(Homes), IMT(Internet, Media and Technology), 모기지(대출 서비스) 세 가지로 볼 수 있다. 주택 구매자는 이 플랫폼을 통해서 주택 판매자와 직접 거래를 진행할 수 있고, 질로 프리미어 부동산 중개인 프로그램을 통해 중개인의 도움을 받아 주택 구매를 진행할 수 있다.

우리가 눈여겨봐야 할 중요한 흐름은 이제 세계의 부동산 관련 업체들이 부동산 조각 투자에 나선다는 것이다. "교통비를 아껴

조각 투자 플랫폼 거래 방법

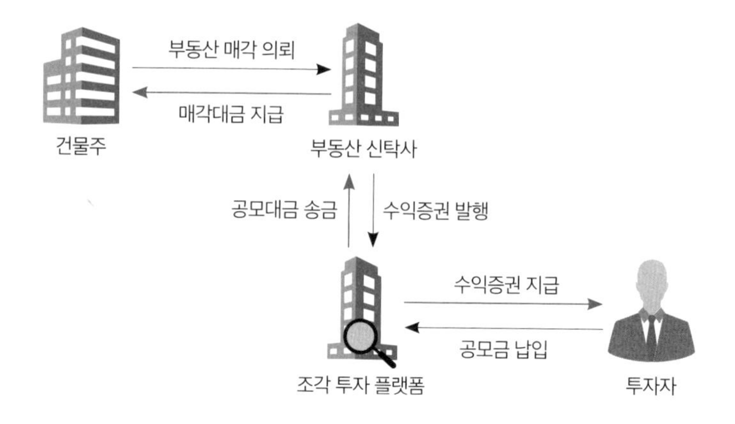

강남 빌딩에 투자한다", "커피 한 잔 값으로 유명 미술품을 샀다" 라는 말을 앞으로는 쉽게 들을 수 있을 것이다.

재테크에 대한 관심은 높지만 투자를 할 만한 시드머니가 많지 않은 MZ세대가 조각 투자에 열광하기 시작했지만 아직 수익을 내는 측면에서는 미흡한 단계다. 2018년을 기점으로 19년부터 급등한 부동산 시장을 지켜보던 사람들은 '조각낸 부동산'을 투자 상품으로 활용하여 수익을 내기 위해 플랫폼에 몰려들었다.

부동산 플랫폼의 수익 창출 수단은 자산유동화증권(ABS: Asset Backed Securities)을 디지털화한 디지털자산유동화증권(DABS: Digital Asset Backed Securities)이다. DABS를 통해 임대료나 매각 차익을 나눠가지는 '권리를 사고파는' 게 부동산 조각 투자다.

조각 투자에도 위험성은 있다

투자하기 어려운 자산이거나 개인이 소액으로 투자하기 어렵고 관리가 되지 않던 것을 쉽게 관리한다는 측면에서 조각 투자가 MZ세대에 큰 인기를 끌고 있지만, 여기에는 리스크도 만만치 않은 것이 현실이다. 부동산 조각 투자는 주식이나 코인처럼 매도가 용이하지 않을 수 있기 때문이다. 주식이나 코인은 매도자가 자신이 보유한 종목을 원하는 가격에 걸어놓고 쉽게 팔 수 있지만 부동산 조각 투자는 매도하는 데 상당한 시간이 걸릴 수도 있다. 또한 말도 많고 탈도 많았던 조각 투자를 정부 당국은 '증권성'으로 볼 것인지에 대한 가이드라인을 내렸다. 음원 조각 투자 플랫폼 뮤직카우에서 유통되는 음원을 일반 음원처럼 볼 것인지, 기존 제도권 내의 증권 같은 투자 자산으로 볼 것인지에 대해 정부는 '뮤직카우는 증권성을 띠고 있다'고 결론 내렸다.

정부는 조각 투자를 크게 두 가지로 나누기로 했다. 조각 투자는 금융규제 대상에 해당하지 않는다. 다만 기존의 민·상법의 적용을 받는 자산에서 발생하는 수익에 대해 지분만큼의 청구권을 가지므로 '조각 투자 증권'으로 분류하기로 했다. 조각 투자 증권은 '증권'의 성격을 띤 만큼 앞으로는 '자본시장법'을 적용받게 되며, 이는 앞으로 조각 투자가 제도권으로 들어와 투자의 패러다

기업의 자금 조달 방식

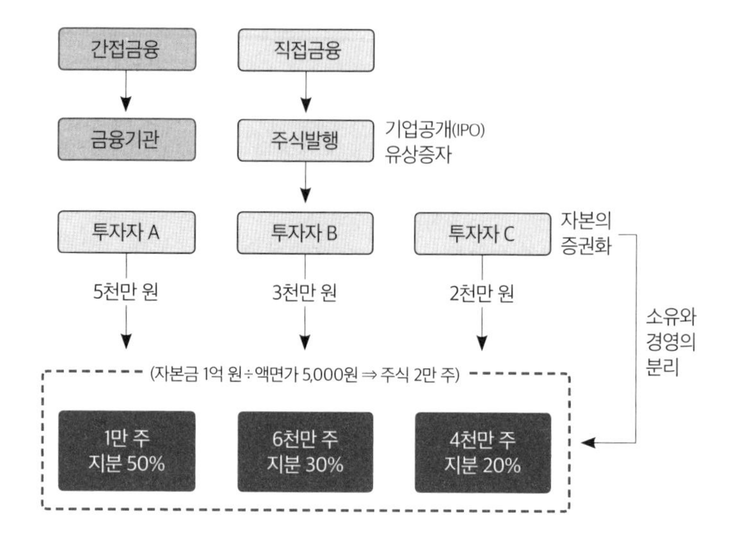

임을 바꿀 계기가 될 것 같다.

그리고 중요한 부분이 하나 더 있다. 조각 투자 투자자는 조각 투자 사업자가 아닌 실물 자산의 권리에 투자하는 것이기 때문에 '도산절연'이 이루어지지 않은 권리구조는 조각 투자에 적합하지 않다고 정부는 보고 있다. 도산절연이란 기업 도산에 투자자 자산이 영향을 받지 않는 것을 말한다. 채무자 소유의 재산에 설정된 담보권의 경우 채무자에 대한 회생절차가 개시됨과 동시에 담보권의 행사는 중지된다. 회생절차 개시 신청 후 개시 결정 전이라도 개별적인 중지명령 또는 포괄적인 중지명령이 결정되는 경우 담보권 행사를 포함한 강제집행이 중지되거나 금지된다.

이에 비해 신탁의 수익권을 취득하거나 신탁재산의 물상담보를 갖는 채권자는 채무에 대한 회생절차가 개시되더라도 그 영향을 받지 않는다. 그리하여 채권을 회수할 수 있다. 즉 신탁재산의 독립성에서 파생된 신탁의 담보적 기능을 도산절연이라 한다.

쉽게 설명하면, 투자자가 투자한 실물 자산인 부동산이나 그림, 명품 등이 계속 존재하는데 사업자가 도산했다고 해서 투자자가 보유한 증권 가치도 소멸돼서는 안 된다는 뜻이다. 바로 이런 점이 개선되어야 하는데 이것은 여전히 풀어야 할 숙제다.

부동산 조각 투자에 있어서 분명한 것은 부동산 하락기에는 조각 투자를 운용하는 업체의 입장에서는 수익을 내기가 어려워 장기적 관점에서 달려들어야 한다는 것이다. 주식과는 다른 것이다.

부동산 조각 투자 시장은 이제 겨우 시작 단계라고 볼 수 있다. 여러 가지 시스템이나 제도가 개선되어야 할 부분이 많이 남아 있지만 머지않은 미래에 부동산 거래 시장의 또 다른 패러다임의 변화를 몰고 올 것이라고 본다. 스티브 잡스처럼 변화를 선도하는 것도 중요하겠지만 워런 버핏처럼 변화에 빠르게 적응하는 것도 경제적 측면에서 삶의 여유를 안겨줄 것이다.

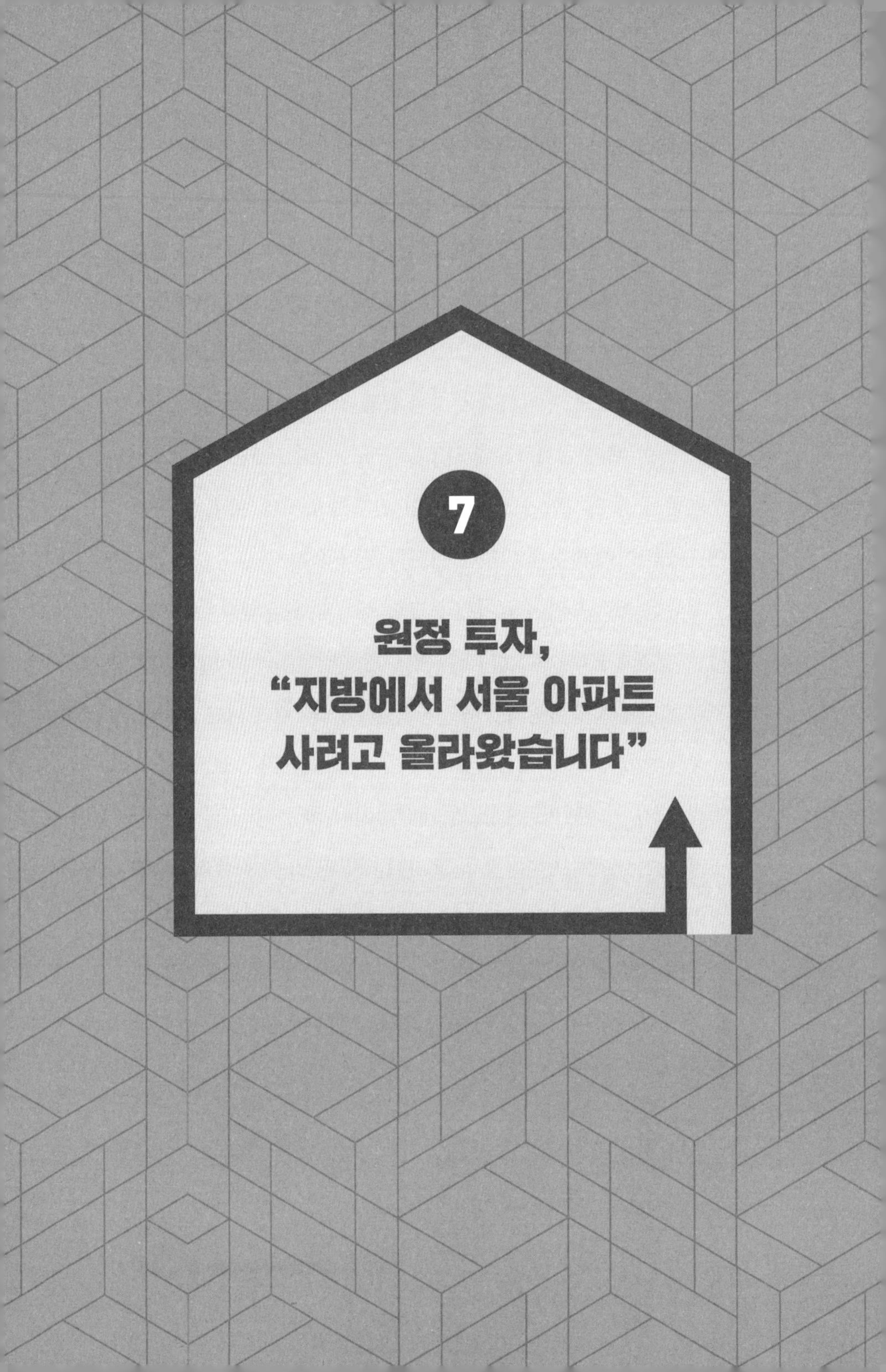
7
원정 투자,
“지방에서 서울 아파트
사려고 올라왔습니다”

외지인의 원정 투자가 늘어난 이유

규제와 하락장에도 똘똘한 한 채를 찾는 외지인들의 서울 원정 투자가 늘어났다. 2015년 이후 외지인들의 서울 주택 매입 비중이 계속 상승하고 있고, 2021년 역대 최고치를 기록했는데, 특히 다세대 주택과 연립 주택이 많은 지역에 수요가 몰렸다. 재개발 지역에 호재가 있을 법한 곳에 매수가 집중적으로 이루어진 것이다.

2022년 2월엔 서울 주택 매매 거래량이 12만 6,834건이었는데 그중에 서울에 거주하지 않는 외지인들이 매입한 거래량은 3만 4,373건이었다. 외지인 주택 매입 비중이 27%가 넘은

2006~2021년 서울 주택 외지인 매입 비중

것이다. 이것은 한국부동산원이 관련 통계를 작성하기 시작한 2006년 이후 가장 높은 비중이다.

왜 사람들은 서울에 주택을 구매하려고 애쓸까? 그것은 서울의 경우 주택 공급이 부족하고 시장 하락기에도 서울 집값은 상대적으로 안전하다고 하는 학습 효과 때문이다. 주택 예비 구매자들 사이에 똘똘한 한 채를 선호하는 경향이 두드러지면서 지방에서는 서울로, 서울에서는 강남으로 수요가 집중되고 있다.

그런데 문제는 투자 여력이다. 고금리 시대가 단기간에 끝날 것이 아니기 때문에 투자 여력이 있는 소비자들은 대출을 통해서 주택을 구매할 수 있지만, 투자 여력이 없는 사람들은 대출을 통해서 똘똘한 한 채를 구매하기 상당히 부담스러운 시간이 온 것이다. 그런데 소유의 의미가 아니라 투자의 의미라면 굳이 서울을 또는 강남을 고집할 필요는 없다.

2022년 자료를 보면 매도자보다 매수자가 많은 매수우위지수

2022년 전국 지역별 부동산 매수우위지수

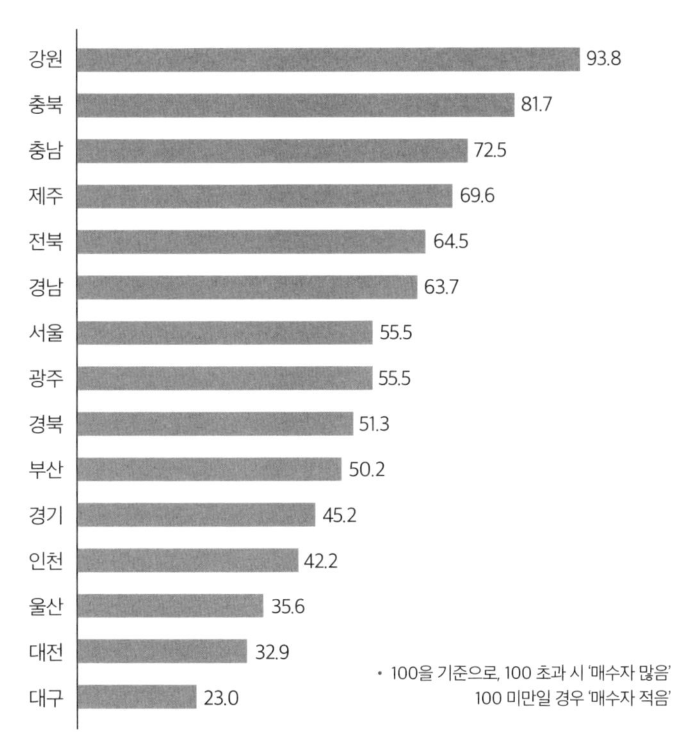

자료: KB부동산리브온

가 가장 높은 곳은 강원 지역이었다. 반대로 매수우위지수가 가장 낮은 곳은 대구였다. 대구는 매수하려는 사람보다 매도하려는 사람이 더 많다는 뜻이다. 표를 보면 알 수 있듯이 투자의 의미라면 굳이 수도권 서울 또는 강남을 고집할 필요는 없다.

부동산은 투자할 수 있는 타이밍에 어디에 부동산을 투자하느냐에 따라 수익이 달라질 수 있다. 서울에 원정 투자를 많이 한 지역을 보면 강서구가 1위였다. 외지인 매입 비중이 33.5%로 서울 25개 자치구 중에 가장 높았다. 이어서 도봉구가 32.8%, 양천구가 32.4%, 구로구가 32.1%, 용산구가 31.8% 순으로 나타났는데, 저가 빌라와 다세대 주택이 많은 지역에서 외지인 매입 비중이 더 높게 나타난 결과다.

저가의 빌라와 다세대 주택을 매수하면서 재개발에 호재도 누릴 수 있는 곳에 더 집중됐는데, 이것은 사실 상당히 위험한 투자일 수 있다. 외지인 투자가 많은 지역 강서구의 경우 깡통 전세 위험이 가장 높은 지역으로도 꼽히기 때문에 외지인이 타 지역에 주택을 구매할 때는 꼼꼼히 따져야 할 것이 한두 가지가 아니다. 특히 빌라와 다세대 주택의 경우는 거래의 데이터가 없기 때문에 매도자의 가격에 수능에서 매수하는 사례가 많아 깡통 전세의 위험도 높다.

원정 투자한 사람들은 성공했을까?

부동산 상승기에 외지인이 타지에 부동산을 매수할 때 '묻지 마' 투자도 성행했었다. 일단 사고 보자는 심리로 마구마구 사들였다. 보통 주택을 구입할 때는 교통 여건, 교육 환경, 직주 근접 또는 생활 인프라, 적정 매매가, 개발 호재 등 다양한 요인들을 고려해서 주택을 매입해야 하는데, 부동산 상승기에는 일단 사고 보면 집값은 뛴다는 기대심리로 이런 것을 따지지 않고 그냥 매수에 나서는 경우가 많다. 이럴 경우 부동산 하락기에 접어든다면 큰 피해를 입을 수도 있다. 나에게 찾아와 상담하는 사람들의 대다수가 여기에 해당한다.

그렇다면 서울의 빌라와 다세대 주택에 투자한 외지인들은 투자 수익을 누렸을까? 2020년부터 2022년 사이에 매수한 사람들은 투자 수익을 누리지 못했을 것이라고 확신한다. 주택을 매수하고 매수한 가격보다 월등히 가격이 뛰었을 때 매도를 할 수 있는데 2020~2022년에 최고가에 매수를 한 사람이 많기 때문이다. 그래서 그 시기에 주택을 매수한 사람들은 지금 오히려 마이너스로 전환돼서 손해를 보고 손절하는 경우가 많이 발생했다.

주택 구입으로 투자의 맛을 보려면 집값이 급등할 때 따라서 사기보다 급등하기 전에 선 투자를 해야 한다. 예를 들어 주택 가격이 뛸 것이라는 시그널은 2017년 하반기부터 나왔다. 그리고 2018년 본격적으로 정부가 지역별로 규제를 묶어가며 제재를 하기 시작했는데 그때가 집값 상승의 시작이었다고 보면 된다.

그래서 2017년, 2018년에 집을 매수한 사람들은 2021년, 2022년 초 급등 시기에 다른 매수인에게 손바뀜으로 소유를 넘겨주며 이익을 봤다. 서울의 경우 오세훈 서울 시장이 당선되면서 2025년까지 24만 가구를 공급하겠다는 계획을 발표했는데, 지방에서 볼 때 이런 발표가 투자 심리에 영향을 줬다고 본다. 서울에 24만 호를 공급하려면 재개발밖에는 없다. 갑자기 멀쩡한 그린벨트를 풀어서 공급할 수는 없는 노릇이다. 그렇기 때문에 재개발이 가능한 빌라나 다세대 구주택을 구입하려는 외지인들이 늘어나게 된 것이다.

주식을 매수하는 것도 타이밍이 중요하듯 부동산을 투자하는 것도 역시 타이밍이 중요하다. 2018년, 2019년에 주택을 매수한 사람들은 자산 가격 상승기에 큰 이익을 봤을 것이다. 반면 2022년부터 가격이 떨어지기 시작했는데 그때 고가의 주택을 매수한 사람들은 최대 50%의 손해를 감수하고 매도했거나, 아니면 매수할 때 대출을 받은 이자를 감당하느라 고통스러운 시간을 보내고 있을지 모른다.

지금은 숨 고르기를 할 때

2022년에 부동산 하락기에 접어들고 2023년은 큰 폭으로 하락해 급급매가 아니면 거래가 안 되는 시기다. 이럴 때 많은 사람이 지금 부동산을 사도 되느냐고 질문한다. 지금의 상황은 서울에 투자하느냐 또는 지방에 투자하느냐를 고민하는 시간이라기보다 잠시 숨 고르기를 할 때다. 원하는 지역에 원하는 주택이 무엇인지, 고금리가 길어지는 상황에 감내할 수 있는 수준이 어느 정도인지 먼저 고민하는 시간을 충분히 가지면 어떨까 하는 생각이 든다.

부동산 투자는 달리는 말에 올라타듯 상승기 초반에 투자하는 것도 좋은 투자 방법일 수 있지만, 부동산 하락기에 투자하는 것이 더 효과적이다. 시간이 지날수록 도시 집중화 현상은 가속될 것이 뻔하기 때문에 주택 수요자들은 대도시로 더 집중될 것이다.

일본의 선례에서 보듯 우리나라도 인구 절벽에 부딪히며 결국 인구는 줄어들 것이고, 일자리가 있는 도시 집중화가 더 심화될 것이다. 그렇기 때문에 사람들은 대도시 위주의 부동산에 투자하려고 한다. 그렇게 되면 탈지방화가 가속화되기 때문에 지방의 부동산은 투자 매력이 점점 더 사라지게 될 것이다. 이것이 빚을 내서라도 도시의 부동산에 투자해야 하는 이유다.

초저금리는 계속 이어지지 않는다. 사실 초저금리가 되면 그만큼 돈의 가치가 떨어진다. 그러니까 이 시기에 부동산 가격이 뛰었다는 것은 돈의 가치가 그만큼 하락했다고 보는 것이 더 정확하다.

PART 3

기회를 만드는 기적의 부동산 투자 원칙

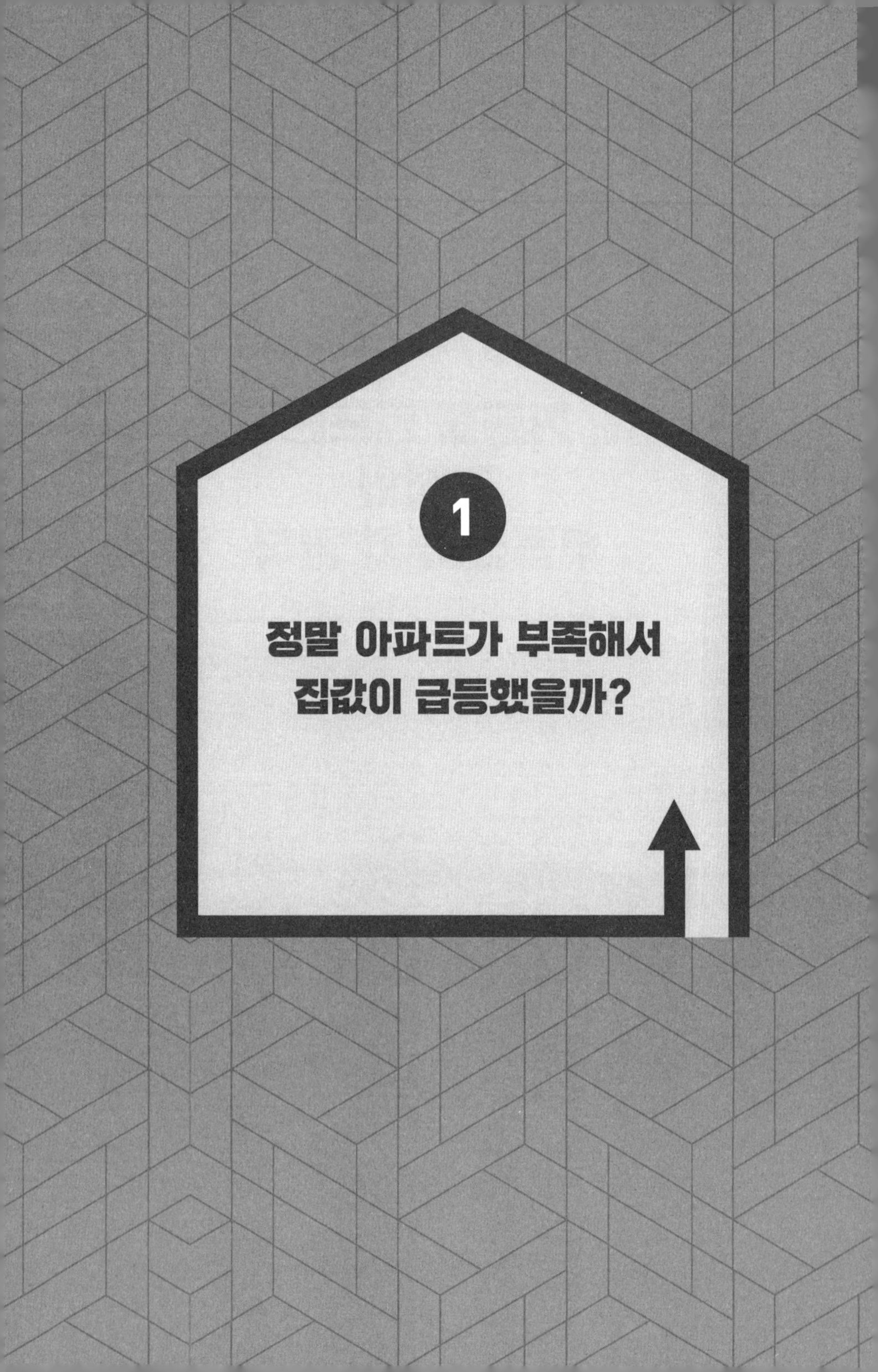
1
정말 아파트가 부족해서
집값이 급등했을까?

공급은 정말 부족했을까?

주택 공급이 부족해서 가격이 폭등했다고 주장하는 사람들이 있다. 2018년부터 2021년 사이, 그러니까 아파트 가격이 폭등할 때 그 이유로 거론되던 가장 강력한 주장은 바로 '공급 부족'이라는 것이었다. 아파트는 정말 부족했을까? 그래서 집값이 급등했을까? 결론부터 말하자면 전혀 그렇지 않다. 집값이 폭등했던 것은 그저 거품이 꼈기 때문이다. 이것은 지표가 말해준다.

2021년 인구주택총조사를 보자. 2021년에 우리나라 전체 인구는 5,160만 명을 조금 넘었다. 1년 뒤인 2022년에는 20만 명 정도가 줄어서 5,140만 명이 조금 넘었다. 그럼 주택 수를 보자.

2021년 인구주택총조사

• 총주택 수 및 연평균 주택증감률

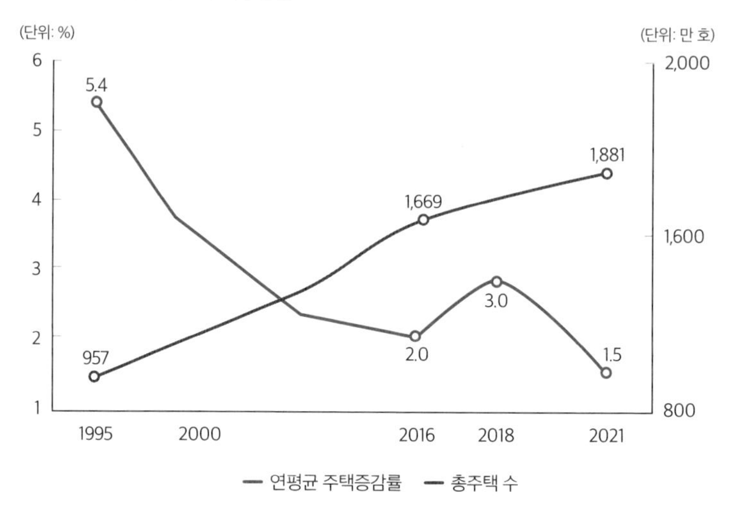

자료: 2021년 인구주택총조사

• 2021년 주택종류별 주택비율

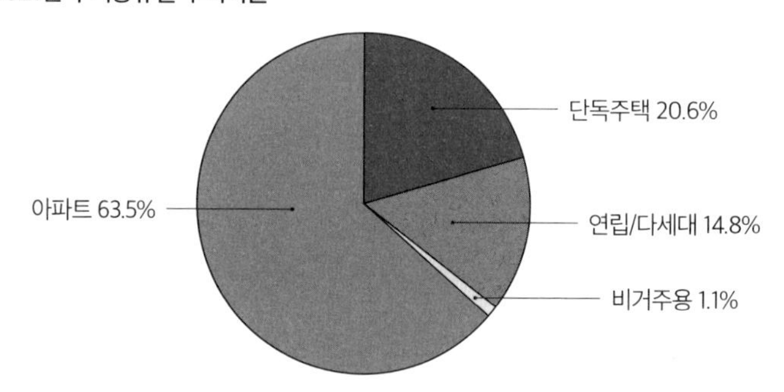

자료: 2021년 인구주택총조사

우리나라 총주택 수가 1,881만 호인데 그중에 아파트가 1,195만 호이므로 주택에서 아파트의 비율은 63.5%다. 단독 주택이 20.6%를 차지하고 연립이나 다세대 주택이 한 14.8%다. 그리고 상가 주택 같은 비거주용이 1.1% 정도를 차지한다.

이 가운데 빈집이 139만 호로, 전체 주택에서 한 7.4%가 빈집이다. 빈집은 말 그대로 사람이 살지 않는 주택을 말하지만, 신축 주택, 매매, 임대, 이사, 미분양 등으로 인해 일시적인 빈집도 포함된다. 그래도 139만 호가 빈집이라니 참 많지 않은가.

그런데 집값이 오를 때마다 부동산 전문가라는 사람들이 늘 하는 말이 "아파트가 부족하다. 특히 서울은 집이 더 부족해서 서울 집값은 오를 수밖에 없다"라는 이야기다. 물론 이 말이 전적으로 틀린 말도 아니지만, 그렇다고 맞는 말도 아니다.

사실 주택 공급 부족이 집값 상승의 원인이라는 증거는 어디에서도 찾을 수 없다. 2005년부터 2015년까지 서울 아파트의 연평균 분양 물량은 1만 1천 호 정도였고, 2016년부터 2020년까지는 연평균 1만 4천 호 정도 분양됐다. 최근 몇 년간 분양 물량이 얼마간 증가한 것이다.

서울뿐만 아니라 전국적인 아파트 분양 물량을 보면, 아파트 가격이 상승하는 동안 분양 물량은 감소하지 않았다. 2005년부터 2015년까지 전국적인 아파트 분양 물량은 18만 7호 정도였고,

2016년부터 2021년까지는 22만 8천 호 정도였다. 이렇게 비교하면 오히려 아파트 가격이 뛸 때 분양 물량은 증가했다. 그러므로 공급이 부족해서 값이 올라갔다고 하는 말은 앞뒤가 안 맞는다.

서울시에 아파트의 준공 숫자가 절대 적지 않다. 오히려 점점 늘어났다. 2018년에는 3만 760호, 그리고 2019년에는 4만 9,200호였다. 그리고 2020년에는 4만 9,500호로 또 늘었다. 2021년에는 살짝 줄어서 3만 2,800호가 늘어났다. 평균적으로 보면 4만 2,200호가 늘어난 것이다. 직전 5년간, 2011년부터 2016년에 평균 2만 8,400호였는데 이것과 대비하면 35% 정도 증가한 물량이다.

여기서 우리가 기억해야 할 점이 있다. 많은 사람의 주장과는 달리 주택 가격이 상승할 때는 아파트 분양 물량이 확연히 증가했고, 반대로 주택 가격이 하락할 때는 분양 물량이 눈에 띄게 줄어들었다는 사실이다.

원인은 투자 목적의 수요

이처럼 물량은 증가하는데 아파트의 가격은 폭등했다. 2018년부터 2021년까지 집값 상승세가 아주 가팔랐는데, 이처럼 집값이 오른 이유는 수요가 증가했기 때문이다. 이 수요는 실거주보다는 투자 목적의 수요였다. 갭투자자들이 증가했고, 상당수가 거주도 하지 않을 집, 외지에 있는 집을 샀다. 이처럼 수요가 증가하면 집값 상승은 불을 보듯 뻔하다. 집이 부족해서 집값이 오른 게 아니라 이제 집을 사야겠다고 생각한 사람의 숫자가 늘어나면서 집값에 거품이 많이 일어난 것이다.

그럼 수요는 왜 늘었는가? 그 원인은 바로 금리에 있다. 초저금리가 오랫동안 유지되었으므로 은행에서 돈을 빌리기가 아주 쉬웠다. 시중에 유동성이 확대된 것이다. 그래서 투자를 목적으로 집을 사놓으려는 사람이 늘었다.

2020년에 아파트 가격이 마구 오를 때 시도별로 외지인, 즉 다른 지역에 사는 사람들의 구매 비율이 높았다. 2020년에 서울에서 외지인이 아파트를 구매한 비율이 59.4%다. 경기에서 외지인이 아파트를 구매한 비율은 52.7%, 인천에서도 49.3%였다. 심지어 강원도에도 아파트 구매 비율의 38.7%가 외지인이 산 것이다. 집값이 초급등했던 세종시에서도 41.1%가 현지인이 아니라 외지인들이 투자 목적으로 집을 산 것이다.

이처럼 서민들이 주거 안정을 위해 집을 마련하기보다는 투기로 한몫 잡으려는 외지인들의 구매가 확연했다. 그들 사이에서는 '갭투자의 맛 지역'이라는 신조어가 탄생했을 정도다. 그 결과 주

2020년 시도별 외지인 부동산 구매 비율

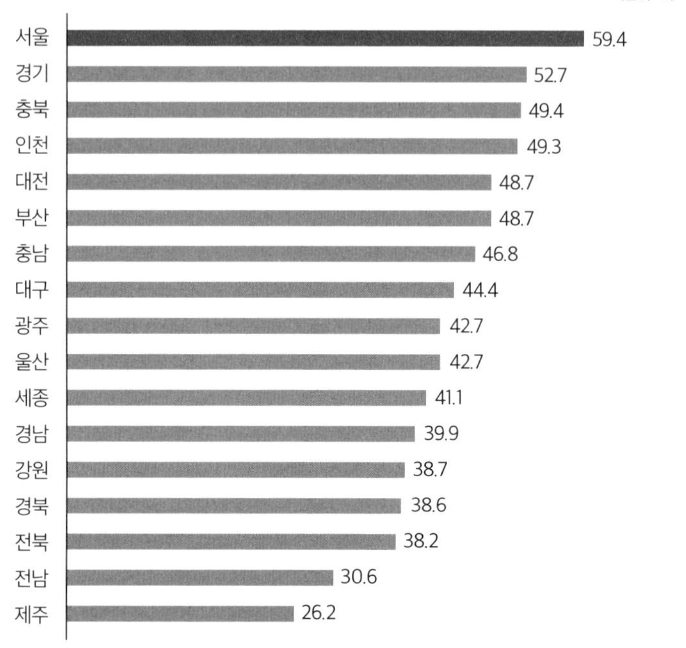

자료: 한국부동산원 부동산거래현황

택담보대출 금액이 급증했고 전세대출도 증가했으며, 이것이 집값 상승의 원인이 되었다. 집값이 폭등, 폭등, 또 폭등해서 어떤 지역에서는 3배가 뛰고, 어떤 지역에서든 최소 2배 이상은 올랐다.

요컨대 집이 부족해서가 아니라 집에 투자하려는 수요가 늘었기 때문에 집값이 폭등했고, 폭등하는 집값을 쫓아가지 못하는 사람들이 영끌을 하다 보니 집값에 불이 더 붙게 된 것이다. 초저금리로 인해 금리를 무서워하지 않는, 그래서 부동산은 사놓고 시간이 지나면 무조건 큰 이익을 본다는 심리로 인해서 집값이 급등한 것이다.

그러므로 아파트 공급이 부족하기 때문에 아파트 가격이 급등한 것이라고 하는 주장은 틀린 말이다. 아파트는 결코 부족하지 않았다. 이것을 한마디로 정리하면 아주 간단하다. 아파트 폭등 시기에 돈이 없지, 아파트가 없던 게 아니다.

저금리는 영원하지 않다

2018년 10월에 기준금리는 1.5%였는데 2018년 11월부터 1.75%로 올랐다. 그렇게 쭉 가다가 본격적인 집값 폭등의 시기, 2020년 3월부터는 0.75%로 내려갔다. 그러고 나서 2020년 5월부터 2021년 7월까지 0.5%를 유지했다.

초저금리를 이어오던 경제 상황은 2021년 8월부터 급변했다. 다들 알다시피 미국이 기준금리를 인상하면서 대출금리 역시 올라갔다. 2021년 8월부터 미국의 기준금리 인상에 따라서 우리나라의 금리도 0.5~0.75%로 올라갔다.

이때가 사실은 집값 하락의 신호였다고 볼 수 있다. 오랫동안

저금리를 유지하다가 인플레이션을 잡기 위한 금리 인상이 시작되는 시기가 바로 2021년 8월인데, 이때 눈치 빠른 사람들은 고가의 집을 팔았다. 그리고 눈치 없는 사람들이 이때 집을 막 샀다.

그때 나는 내 유튜브 채널에서 여러 번 말했다.

"이제 집을 살 때가 아니고 팔 때다. 이제는 팔아야 할 시기이므로 집을 사면 안 된다."

그런데 불행하게도 2021년 7~10월에 최고가로 폭등한 집을 산 사람들이 있었다. 그때 이들은 '이제 내 집 마련을 했구나'라고 안도하면서 행복했을 것이다. 그러나 금리가 계속 올라서 2023년 1월에는 기준금리가 3.5%로까지 껑충 뛰었다. 이 금리를 감당할 수 없는 사람들은 이제 집을 내놓기 시작했다.

투자수익률에 대한 기대감이 낮아졌기 때문에 투자 수요가 급감했다. 주택 거래가 활발하게 이루어지지 않고, 그렇다 보니 아파트의 가격은 급락할 수밖에 없었다. 주택 가격이 급락하니 거래가 이뤄지지 않게 되고, 금리는 계속 오르다 보니 '아 이제는 빨리 팔아야 되겠구나' 하는 세력이 늘어나면서 '급급매' 같은 매물이 쏟아지기 시작했다. 그런데도 역시 금리가 무섭기 때문에 이 급급매마저도 사는 사람이 적다.

다시 한번 말하지만, 아파트의 공급이 부족해서 집값이 폭등한 게 아니라 초저금리 유지로 인해서 집을 살 수 있는 대출의 여력이 높아진 것이다. 그렇기 때문에 너도나도 영끌을 해서 집을 샀고, 2023년이 되면서 많은 사람이 통탄의 눈물을 흘리고 있다.

우리가 여기서 배울 수 있는 교훈은 초저금리는 계속 이어지지 않는다는 것이다. 사실 초저금리가 되면 그만큼 돈의 가치가 떨어진다. 그러니까 이 시기에 부동산 가격이 뛰었다는 것은 돈의 가치가 그만큼 하락했다고 보는 것이 더 정확한 표현일 수 있다.

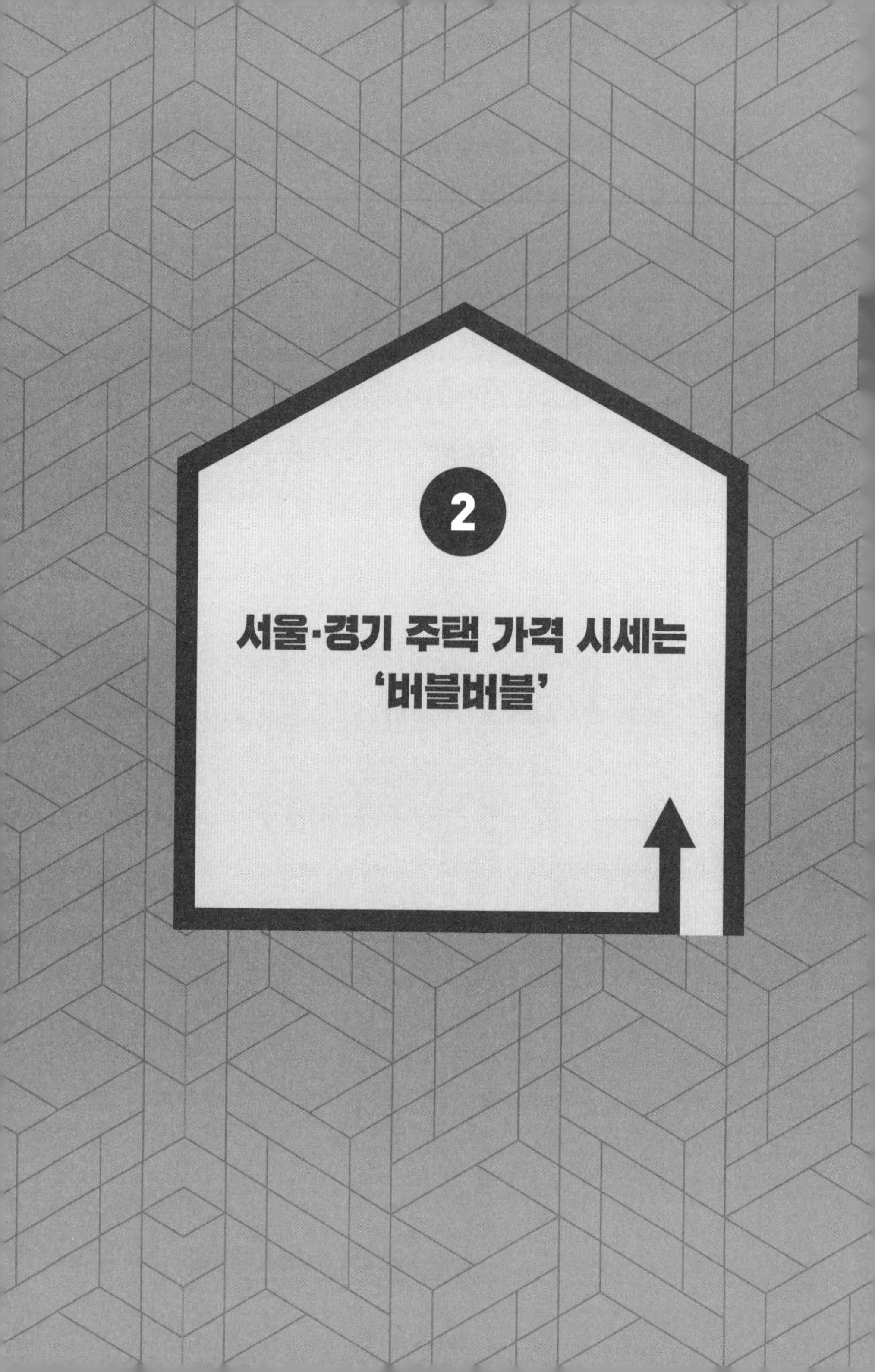

2

서울·경기 주택 가격 시세는 '버블버블'

세계적으로 높은 한국의 집값 거품

2022년 9월 한국경제 연구원이 발표한 자료를 보면 서울 주택 가격 시세의 38%가 거품이라는 진단 결과가 나온다. 전국 아파트 200여 개 단지의 적정 가격과 실제 거래 가격을 비교해보니 서울 주택 시세의 38% 이상, 경기도의 58% 이상, 그리고 지방의 19% 이상이 과대평가되었다는 것이다. 그중에서도 서울 강남 4구의 버블 수준은 40%가 넘었고, 특히 서초구의 버블 수준은 50%를 넘어 서울에서 가장 높았다.

나는 낙관론자도 비관론자도 아니고 '시장론자'라고 생각하는데, 보통 주택 가격에 10~15% 정도의 거품이 있으면 정상이라고

전국 주택 가격 거품 비율

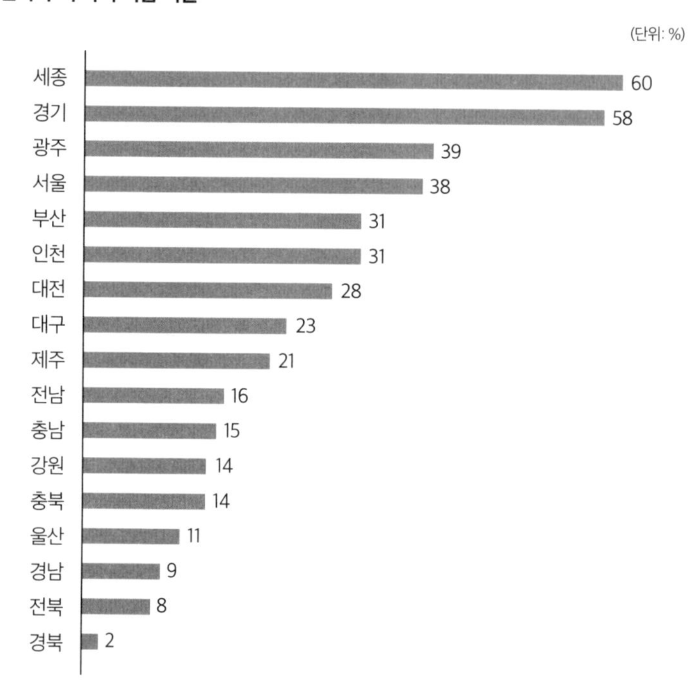

자료: 한국경제연구원

봐도 된다는 시각을 가지고 있다. 그런데 이 비율이 40%가 넘어간다면 지나친 수준이라고 판단한다.

예를 들어 강남 아파트가 20억 원이라고 가정하면 그중에 7억 6천만 원이 버블 가격이다. 그러니까 정상적인 가격이라고 보려면 13억 4천만 원이어야 한다는 뜻이다. 강북 아파트의 경우는 15억 원이라고 가정하면 그중에 5억 5천만 원은 버블 가격이다.

그러므로 9억 5천만 원이면 정상적인 가격이라고 할 수 있다.

내가 이렇게 말하는 기준은 소득 대비 주택 가격을 나타내는 지수, 즉 PIR이다. 2021년의 PIR을 보면 강남구가 39.90, 서초구가 39.59, 용산구가 31.06 그리고 마포구가 24.72다. 서울 평균은 30.45다. 2022년에는 서울 전체 평균의 PIR 지수가 42.45가 된다.

중국에서 부동산 버블 때문에 헝다와 같은 부동산 개발 업체들이 부도가 났다. 중국도 상해의 PIR이 40.11다. 도쿄의 PIR은 13.55다. 일본의 경우는 '잃어버린 30년' 때문에 부동산 가격이 한 번 꺼지고 나서 그대로 유지되고 있다. 그렇기 때문에 PIR 지수가 13.55밖에 안 되는 것이다.

미국의 집값이 비쌀 것이라고 막연하게 생각하지만 미국의 집값은 세계적 수준으로 볼 때 굉장히 낮은 가격에 속한다. 세계적으로 집값이 비싼 순위로 따지면 서울이 16위 정도에 해당하는데 미국 뉴욕은 192위다. 미국의 PIR가 9.14니까 집값이 상당히 싼 편이다.

참고로 프랑스 파리는 PIR가 20.68로, 세계에서 집값 비싼 순위로 본다면 34위밖에 되지 않는다. 독일 뮌헨의 PIR 지수도 17.98로 50위다. 캐나다 밴쿠버도 집값이 비싸다고 알려져 있지만 PIR이 36.90이다. 물가가 비싸기로 유명한 영국 런던의 경우도 집값이 비싼 순위는 세계에서 60위다. 이렇게 보면 한국의 집값 버블이 정말 심하다는 걸 실감할 수 있다.

향후 몇 년은 하락세가 이어질 것이다

만약에 기준금리가 이렇게 가파르게 상승하지 않았다면 이 버블은 계속 더 이어졌을 수도 있다. 저금리 시대이기 때문에 많은 사람이 빚을 내는 것을 두려워하지 않고 부동산에 투자하기 위해 레버리지를 더 크게 키웠을 것이다.

그런데 기준금리가 가파르게 상승하면서 우리나라 부동산 시장이 침체기로 접어들었다. 부동산 버블 형성 과정에서 생산 가능 인구가 감소하고 인구 고령화가 따라온다. 이 두 가지만 봤을 때 일본과 유사한 면이 많은 한국도 버블 붕괴 이후 장기 불황에 빠질 가능성이 있다는 관측이 나온다.

다만 한국이 일본과 다른 면이 있다면 1980년대 말에 일본은 '나 홀로' 불황에 빠졌지만 지금은 미국을 필두로 전 세계 각국이 유동성 회수에 돌입하면서 전 세계적 가격 조정이 오고 있다는 사실이다.(유동성 회수는 금리를 올려서 돈을 다시 거둬들이는 걸 말한다.) 그렇기 때문에 일본식 장기 불황을 걱정할 단계는 아니라는 지적도 있지만, 개인적으로는 그 위험성도 걱정할 때라고 보고 있다.

일본의 부동산 가격은 1986년부터 1990년까지 약 5년간 2~3배 급등했다. 그리고 1991년 가을부터 30년 넘게 장기 하락이 이어졌다. 이 때문에 잃어버린 30년이라고 표현하는 것이다. 우리나라는 일본처럼 장기 불황으로까지 가지 않더라도 당장 V자 반등을 하지는 못할 것이다. 장기간은 아니어도 몇 년 동안은 하락된 가격을 유지할 것이다. 부동산을 투자하려는 사람들은 이걸 꼭 인지하고 투자를 시작해야 한다.

하락 분위기가 만연할 때가 매수 시점이다

원래 부동산 투자는 상승 시기보다 하락 시기에 더 큰 기회를 맞이할 수 있다. 우리나라의 부동산 시장이 일본의 전철을 밟든 안 밟든, 부동산 하락기는 준비된 자에게는 엄청난 기회가 될 수 있는 것이다. 따라서 하락한다는 것을 기분 나쁘게 받아들일 것이 아니라 기회라고 받아들여야 한다. 다시 말해 부동산 하락기는 부동산을 공부해야 하는 시기다.

다만 부동산 하락기에는 주거용 부동산의 경우 돌다리도 두들겨보면서 건너듯 투자를 조심해야 한다. 대한민국만이 가지고 있는 전세 제도라는 것 때문에 주거용 부동산의 가격 하락은 한 번 시작되면 더 가팔라질 수 있고, 이것으로 인해 가계가 파산할 수도 있는 상황이 많기 때문이다.

한국의 전세 제도가 특이한 것은, 대부분의 경우 다음 임차인이 들어와야 보증금을 돌려줄 수 있고, 전 임차인이 받고 나갈 만큼의 보증금을 내고 들어오는 임차인이 있어야 유지된다는 것이다. 부동산 하락기에는 다음 임차인이 가격이 낮은 가격에 들어오기 때문에 돈을 돌려줄 상황이 안 되면, 이것이 바로 가계 파산으로 이어져 집이 부동산 시장에서 경매 시장으로 넘어가는 경우가 생긴다.

전월세 비율을 보면 이런 현실을 금방 알 수 있다. 서울의 예를 들면 2021년에 전세 매물이 가장 많을 때가 28만 건이었는데, 바로 1년 뒤인 2022년에는 3만 건이 줄어든 25만여 건이다. 그런데 월세 비중은 갈수록 늘어간다. 2019년에는 15만 7천여 건이었는데 2022년에는 25만여 건으로 급증했다.

이게 뭘 의미할까? 많은 사람이 전세에서 월세로 넘어간 것이다. 서울의 경우 전세에서 월세로 넘어간 비중이 50%에 육박한다. 몇 년 전만 하더라도 월세는 다달이 내야 하는 돈이기 때문에 부담이 돼서 전세를 선호하는 경우가 많았다. 전세는 같은 가격으로 최소 2년 이상은 살 수 있기 때문에 전세를 선호했는데, 지금은 고금리로 인해 전세대출을 감당하기 어려우니 차라리 월세를 내는 게 낫다고 판단하는 것이다.

고금리로 인해 사람들이 전세대출을 받을 수 없다면 주거용 부동산의 가격을 더 받쳐줄 만한 유효 수요가 없다는 뜻이다. 전세 수요가 받쳐주기 때문에 갭투자를 통해 부동산을 샀는데, 이제는 갭투자를 통해 부동산을 사둘 여력이 없어진 것이다. 그렇기 때문에 하락의 시작 단계에서 주거용 부동산에 투자하는 건 위험하다.

그렇다면 주거용 부동산의 투자는 언제 해야 하는가? 이것이 가장 궁금할 것이다. 하락 분위기가 완전히 만연해 있을 때는 투자할 수 있다. 다시 상승기가 도래하면 그때 팔 수 있기 때문이다. 하락이 시작되고 나서 일정 기간이 지나 하락된 가격에서 거래량이 터져주면, 그때가 매수 시점이라고 보는 게 정확하다.

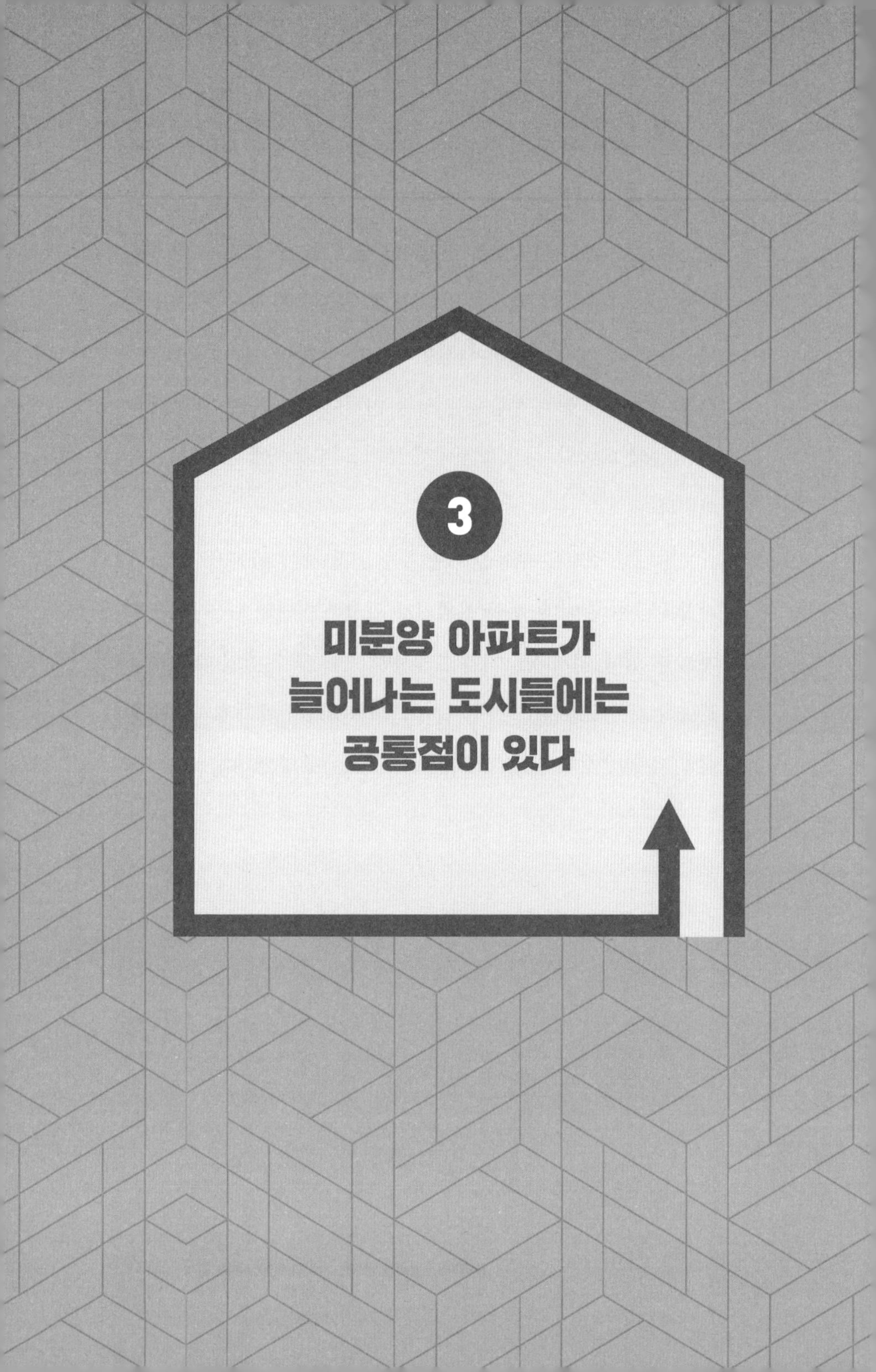

3

미분양 아파트가 늘어나는 도시들에는 공통점이 있다

준공 후 미분양에 주목하라

2022년과 2023년에 미분양이 많을 거라는 이야기를 많이 한다. 실제로 2023년 들어서 미계약도 숫자가 많이 늘어났다. 미분양은 사실 그전에도 언제나 있었다. 그런데 미분양 중에 정말 위험한 것은 악성 미분양이다.

악성 미분양은 준공 후 미분양을 말한다. 다시 말해 준공이 됐는데 분양이 안 된 것이다. 준공이 됐는데 분양이 안 된다면 건설사의 부도로 이어질 수 있고, 그 부도가 금융권에도 영향을 미치기 때문에 위험하다고 하는 것이다.

그렇다면 미분양이 소비자 입장에서는 어떨까? 미분양이 나오면 소비자 입장에서는 좋은 것이다. 왜? 얼마라도 더 싸게 살 수 있기 때문이다.

역사적으로 집값 하락 시기에 공통점이 있다. 바로 준공 후 미분양이 많이 나왔다는 점이다. 정부에서 2007년부터 준공 후 미분양 통계를 내서 제공했는데, 준공 후 미분양이 가장 많았던 시점은 2009년이었다. 2009년에 준공 후 미분양 가구는 5만 87가구였다. 2008년부터 2013년 초까지 아파트 가격이 하락 시기였다는 것을 기억한다면, 준공 후 미분양이 많은 시점은 아파트 가격이 하락할 때라는 것을 알 수 있다.

물론 아파트 가격이 급등하던 시절에도 준공 후 미분양은 있었다. 문재인 정부 내내 준공 후 미분양은 1만 채 이상이었는데, 1만 채 밑으로 떨어진 건 2021년이었다. 2021년엔 그야말로 집값이 고공행진 할 때 준공 후 미분양이 줄어들었다. 준공 후 미분양이 된다는 것은 건설 시행사의 부도를 의미하기도 한다. 악성 미분양은 다 지어서 입주를 해야 되는데도 미분양이 된 상태를 말한다. 그렇기 때문에 건설사에게는 이런 준공 후 미분양은 '부도수표'라고 말할 정도로 매우 위험한 것으로 인식된다.

완공을 했으나 건축한 아파트를 다 팔지 못하면 은행에서 빌린 돈을 갚지 못하는 상황이 발생하게 되고, 매월 지출되는 이자나 기타 비용도 하루가 다르게 늘어나기 때문이다. 또한 하청업체에

전국 미분양 아파트 규모 흐름

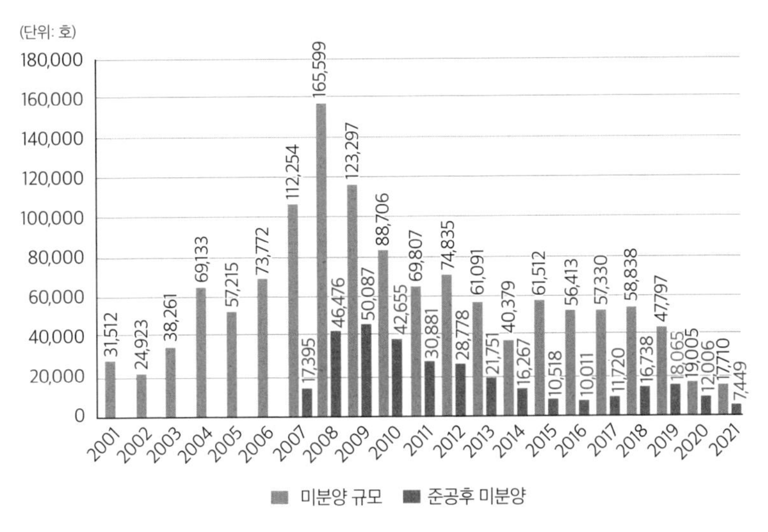

• 준공 후 미분양 통계는 2007년부터 작성

자료: 국토교통부

게도 자금을 제때 주지 못해서 하청업체의 줄도산으로 피해를 주게 된다.

이런 상황이 되면 급전을 마련하기 위해서 분양가의 20~30% 선에서 할인 판매를 하는 곳도 나타나게 된다. 어떻게든 해서라도 빨리 이 분양물들을 털어내야 하기 때문에 부동산 하락기에 미분양이 나오면 소비자에게는 좋은 마케팅을 많이 한다. 분양받는 사람들을 추첨해서 고급차를 준다든지, 계약만 하면 몇 천만 원을 준다든지, 중도금 전액 이자를 면제해 준다든지….

시행사나 시공사 입장에서는 분양자가 나타나야 그 분양자 앞으로 담보 대출을 해서 프로젝트 파이낸싱으로 진 빚을 갚을 수 있다. 그렇기 때문에 무조건 분양을 해야 한다는 마음에 호객 마케팅을 하게 되는 것이다.

2024년에는 이런 '호객 마케팅', '올인 마케팅'이 더 늘어날 것으로 보인다. 특히 입지가 그닥 좋지 않은 곳의 분양 작업은 쉽지 않을 것이 예상되기 때문에 지방을 중심으로 보지도 듣지도 못한 기상천외한 마케팅들이 나올 수도 있다.

미분양 아파트가 늘어나는 도시들의 공통점

미분양 아파트가 늘어나는 도시들의 공통점은 무엇일까?

첫 번째, 어느 한 지역에 공급이 집중된다는 것이다. 2022~2023년에 분양하는 곳을 가보면 "어? 여기에도 아파트가 들어와?" 하는 의문이 드는 지역들을 볼 수 있었다. 수요예측의 측면보다 일단 짓기만 하면 완판이라는 생각으로 짓는 경우도 많아서 참 답답했었다. 두 번째, 해당 지역의 아파트 가격보다 분양가가 월등히 높다는 것이다. 세 번째, 하락 시기에는 다른 지역보다 더 떨어질 가능성이 있다고 염려되는 곳들이 많다.

전국의 아파트 입주 물량은 2022년에 35만 6천 가구였고 2021년에는 33만 2천 가구로, 1년 만에 7.29%, 약 2만 4,200가구가 늘어났다. 서울 아파트의 입주 물량은 2021년에 2만 4,200여 가구였고 2022년에는 2만 6천 가구였다. 1년 전에 비해 7.47%가 늘어났다.

수도권에 비해 지방의 입주 물량 증가 폭은 훨씬 더 크다. 2021년에는 15만 2천여 가구였는데 22년에는 17만 1천 가구가 넘는다. 그러니까 12.72% 정도 늘어났다. 이것은 인천과 경기도에 입주한 물량을 합친 수보다 훨씬 많은 물량이다.

특히 대구와 충남은 건설사의 블랙홀이라고 할 정도로 입주 물량이 엄청나게 늘었다. 대구는 2021년에 2만 653가구가 입주를 했는데 2022년에는 3만 6,059가구가 입주했다. 1년 만에 74.59%, 약 1만 5,400가구가 늘어난 것이다. 이처럼 엄청나게 늘어났는데 미분양이 안 생기는 게 이상한 일이다.

대구의 경우 인구 수는 줄어드는데 2023년 아파트 입주 예정 물량은 역대 최대치를 보이고 있다. 앞으로 대구의 부동산 시장은 더욱더 위축될 가능성이 크다고 볼 수 있다. 인구는 감소하는데 주택은 지속적으로 공급되고 있기 때문이다. 그래서 대구를 미분양의 무덤이라고 하는 것이다. 급기야는 홍준표 대구시장이

대구광역시 구별 미분양 현황

지역	수성구	달서구	남구	북구	동구	중구	서구	달성군	합계
미분양 수	3,107	2,388	1,606	1,514	1,200	1,064	778	43	11,700

자료: 통계청

2023년 1월에 "당분간 대구에서 신규 아파트를 인허가를 내주지 않겠다"라고 잠정 중단을 선언하는 일까지 발생했다. 대구의 부동산 조정기는 생각보다 장기간 이어질 수 있다.(고분양가의 미분양 물량이 해소되어야 집값이 오르든지 말든지 할 텐데 말이다.)

대구에서 아파트 건설을 이렇게 많이 하는 이유는 뭘까? 대구시 공동주택 사업 중에 20년이 넘은 물량이 18만 호가 넘고, 매년 2만 가구 이상 계속해서 나오기 때문에 재개발, 재건축의 수요는 꾸준히 증가하고 있다. 그런데 분양가 상한제가 2019년에 서울에는 적용되었지만 대구 지역에는 적용되지 않아서 서울에 있는 대형 건설사들이 좀 더 많은 이익을 보기 위해 지방 도시들로 옮겨가기 시작했고, 특히 대구에 많은 관심을 가졌다. 아무래도 대도시니까 대형 건설사들이 들어가서 이윤을 많이 남겨볼 수 있겠다고 생각해서 이렇게 많이 짓게 된 것이다. 그런데 너무 많이 지은 탓에 이제는 미분양의 무덤이 됐다.

이런 도시, 이런 아파트에는 투자하지 마라

미분양의 위험 신호는 어느 정도일까? 정부에서는 보통 미분양 아파트가 6만 3천 가구 정도일 때를 데드라인으로 생각한다. 2023년 1월 기준으로 6만 8천 가구가 미분양인데, 조만간 10만 가구 미분양 시장을 볼 수도 있다. 그만큼 공급이 많이 되고 있다.

그런데 미분양이 나는 아파트를 정부에서 매입해서 임대로 돌리려고 한다. 그러면 정부에서 그 많은 미분양을 다 사줄 수 있을까? 사주고 싶어도 그 정도의 재정 상태가 안 될 수도 있기 때문에 다 사들일 수 없다고 본다. 이미 너무 높은 가격으로 분양을 했던 것이기 때문에 정부에서 사준다고 해도 결국 비싼 가격에 매입해야 하는데, 지금 분위기로는 비싼 가격에 다 매입할 수 없다.

그렇게 되면 어떤 일이 벌어질까? 이제 건설사에서 파격적인 할인 분양을 통해서 이 물량을 털어내야 한다. 그렇지 않고서는 방법이 없다. 따라서 아직 분양을 안 받은 사람들은 어쩌면 30~40% 이상의 할인된 가격으로 아파트를 살 수 있는 시기가 조만간 올 수 있다.

앞서 미분양 아파트가 늘어난 도시들의 공통점 중에 하락 시에는 다른 지역보다 더 떨어질 가능성이 있다는 심리가 존재하는 도시라고 했다. 이런 도시는 주로 도심에서 먼 도시를 말한다. 교통이 불편한 도시는 하락 시기에 다른 지역보다 더 크게 하락하기 때문에 분양도 잘되지 않는다. 그렇기 때문에 미분양이 더 늘어나는 것이다.

따라서 주거용 부동산에 투자할 때는 외곽 지역의 아파트를 사는 건 정말 심사숙고해서 결정해야 한다. 부동산 투자에 성공하기 위해 투자하는 것이지 실패하려고 투자하는 것은 아니지 않은가. 성공하려면 성공 가능성을 높이는 투자를 해야 한다.

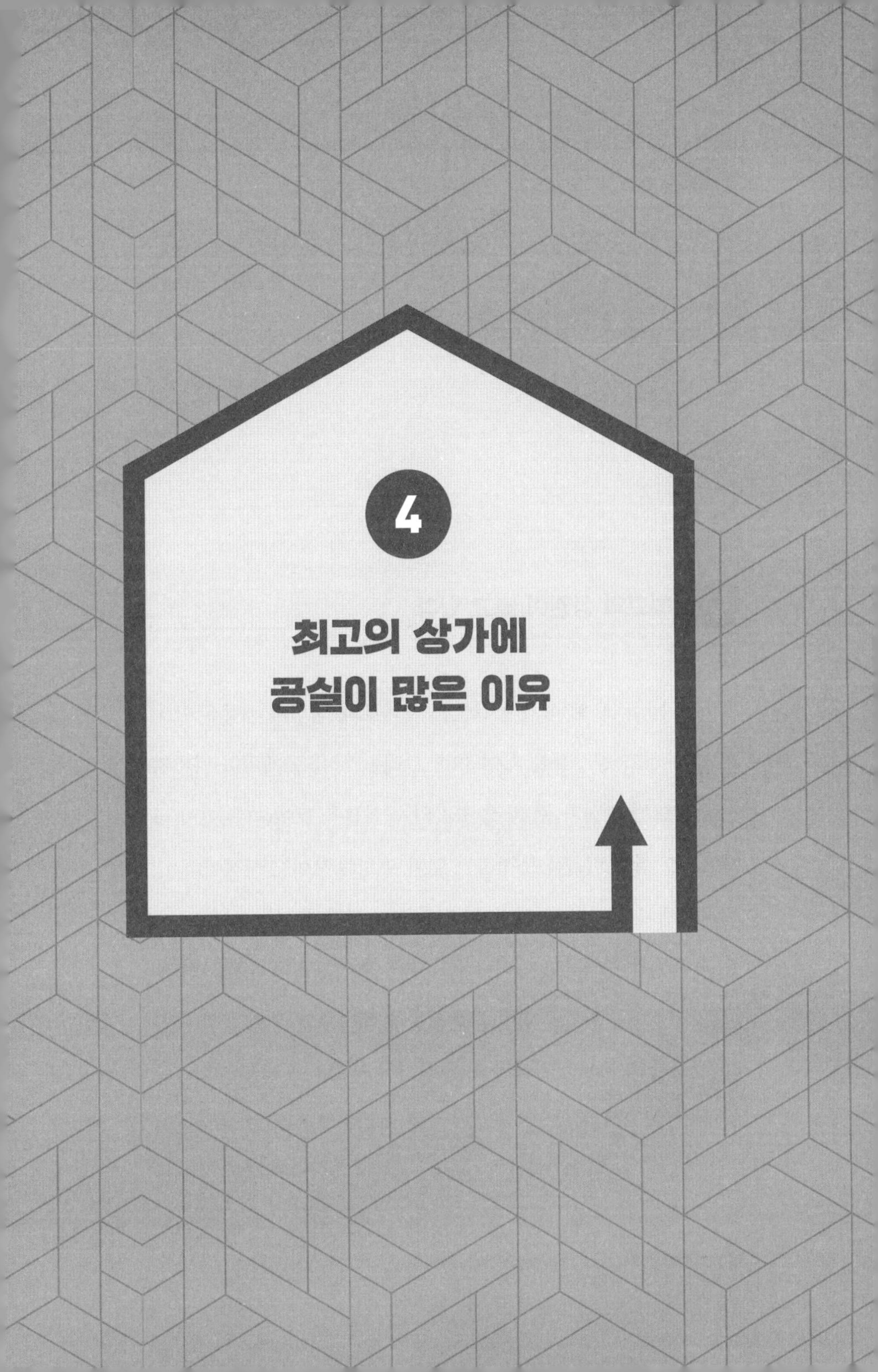

4

최고의 상가에 공실이 많은 이유

최고의 상권이 놀고 있다

전국적으로 상가 공실률을 살펴보자. 울산과 세종은 20%가 넘는 상가 공실률을 보여준다. 그리고 서울을 제외한 나머지 전국의 모든 도시가 두 자리 숫자의 공실률을 보여준다. 이제 국가에서도 상가 비율을 조정하는 일이 필요해 보이는 시점이다.

지자체나 정부에서 상가 비율을 조정해줘야 하는 이유는 아주 확연하게 드러나고 있다. 예를 들어 경기도 하남시 미사역 부근은 상당히 좋은 상권임에 틀림없는데 대다수의 상가가 비어 있다. 지하철역과 바로 연결된 어떤 상가는 분양가가 전용 평당 1억 원에서 1억 3천만 원, 15평 기준으로 본다면 분양가가 19억 5천

전국 오피스·상가 공실률

(단위: %)

구분	전국	서울	부산	대구	인천	광주	대전	울산	세종
오피스	9.6	6.4	15.9	15.9	17.6	15.3	15.5	16.6	-
중대형 상가	13.1	9.1	15.4	14.0	13.3	14.5	14.3	21.5	21.7
소규모 상가	6.8	6.3	5.6	7.8	5.9	6.3	7.6	3.6	10.9
구분	경기	강원	충북	충남	전북	전남	경북	경남	제주
오피스	4.8	22.8	31.3	23.2	15.1	23.8	23.4	18.5	6.7
중대형 상가	10.7	13.9	17.6	15.1	17.4	12.2	19.1	14.8	8.9
소규모 상가	5.7	7.8	8.0	6.5	10.1	7.7	6.7	6.8	4.4

자료: KOSIS 국가통계포털

만 원인 곳도 있다.

나에게 상담을 요청해온 어떤 사람은 분양가 19억 5천만 원짜리 상가를 11억 원을 대출받아 샀다고 한다. 대출금리가 6%인 경우 월 이자가 550만 원이다. 현재 식당에 임대를 줬는데 임차 조건은 보증금 8천만 원에 월 임대료가 300만 원이라고 했다. 이는 대출금 11억 원의 월 이자인 550만 원에 훨씬 못 미친다. 월 마이너스 250만 원의 소득이 나는 것이다. 소득 자체가 마이너스다.

다른 한 사람은 경기도 부천시에 있는 상가를 전용 평당 1억 원에 분양받았다. 15평 기준으로 본다면 분양가가 15억 원이다. 대출금이 9억에 금리는 역시 6%다. 월 이자로 450만 원을 내야 한다. 이 상가는 휴대폰 판매점으로 임차했다. 임차 조건은 보증금 5천만 원에 월 임대료 220만 원이다. 대출 이자 450만 원에 비교하면 매월 마이너스 230만 원의 소득이 난다. 역시 소득이 마이너스다.

최고의 상권이라는 곳을 직접 가보면 텅 빈 건물이 꽤 있다. 심지어 지하철역과 연결된 곳인데도 상가들은 텅 비었다. 왜 이런 현상이 나타날까? 그 이유는 첫째도 둘째도 셋째도 가격이 비싸기 때문이다. 땅값도 비싸고 건축 원가도 올랐기 때문이다. 최고의 상권이라고 해도 분양가가 비싸고 임대료도 비싸기 때문에 상가는 공실이 날 수밖에 없다. 이것이 대한민국 상가의 현실이다.

상가가 비어가는 두 가지 이유

최고의 상권도 비어 있는 이유를 좀 더 자세히 알아보자.

우선 가격이 비싸기 때문이다. 보통 상업 지역에 오피스텔이나 주상복합을 지으면 무조건 분양이 잘 되기 때문에 시행사들은 이런 땅이 있으면 너도나도 가격을 올려서 땅값을 가장 고가로 부른 시행사가 이 땅을 사게 된다. 시행사는 비싸게 산 땅이기 때문에 분양을 할 때도 고분양가를 책정한다.

시행사들이 주상복합이나 오피스텔 건물을 짓고 나면 주거용 부분에도 이익분이 들어가 있겠지만, 시행사의 수익 중 가장 큰 이익은 대부분 상가 쪽에서 만들어진다. 그렇기 때문에 분양가를 최대한 높게 책정해서 분양한다. 그러면 높게 책정된 분양가로 분양받은 사람들은 당연히 임대료를 높게 내놓아야 수지 타산이 맞을 테니 임대료도 고가가 된다. 그렇기 때문에 당연하게 공실이 생긴다.

주상복합의 경우 그동안 거주용이 70%, 상가가 30%의 비율을 차지했다. 최근에는 주거용 90%, 상가 10%의 비율로 건물을 짓는다. 그런데 10%밖에 안 되는 그 상가마저도 분양이 안 되는 경우가 꽤 있다. 왜 그럴까? 바로 앞에서 언급했듯이 워낙 고가로 분양하기 때문이다. 일부 시행사의 경우에는 10% 정도 되는 상가 비율마저도 분양이 안 되니 상가 비율을 좀 낮춰달라고 지자체에 건의하기도 한다.

최고의 상권에 빈 상가가 많은 두 번째 이유는 바로 소비자들의 소비 패턴이 변했기 때문이다. 그렇기 때문에 오프라인 자영업자들이 몰락하는 시간이 오고 있다. 소비자들의 소비 패턴은 온라인 쇼핑에서 모바일 쇼핑으로까지 확대되고 있다. 통계청의

온·오프라인 쇼핑비 지출 비중 추이

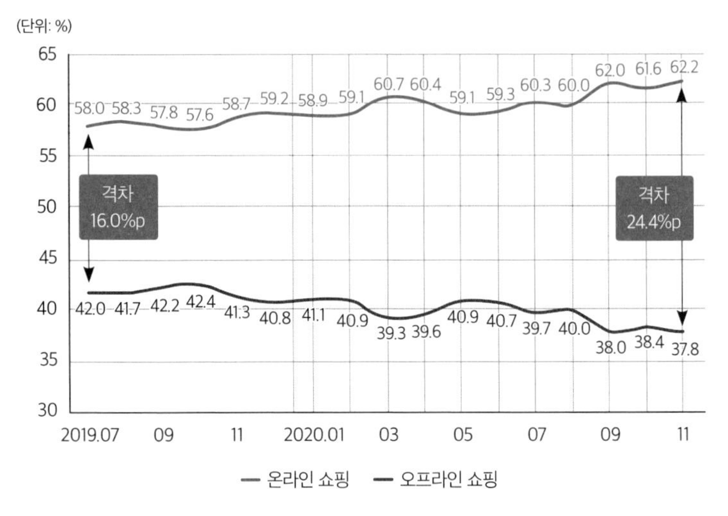

• 매주 1,000명(연간 52,000명) 대상 조사

자료: 컨슈머인사이트

자료를 보면 온라인 쇼핑의 경우 2020년에 157조 3천억 원의 매출이 있었고, 2021년에는 187조 1천억 원, 그리고 2022년에는 잠정적으로 206조 5천억 원의 거래액이 있었다.

이것이 모바일로 좀 더 옮겨가고 있는데, 그 속도가 상당히 빠르다. 2020년에는 108조 1천억 원, 2021년에는 135조 5천억 원, 그리고 2022년에는 잠정적인 추산치로 153조 7천억 원이 모바일 쇼핑에서 이뤄지고 있다. 그리고 배달의민족, 쿠팡이츠, 요기요 같은 배달 앱 서비스를 통한 상품 구매가 확대되고 있다.

산업 구조의 변화로 인해 자영업자의 비중은 꾸준히 감소 추세를 보여왔지만 코로나19 확산이 그 충격을 더했다. 고금리, 고물가, 고환율의 삼고까지 겹치면서 상가는 점점 비어가고 있는 것이다.

지금 이 책을 보는 여러분에게 귀한 팁을 드리겠다. 상가를 분양받을 때는 아무리 좋은 위치라고 하더라도 업자들이 처음 분양을 시작할 때 덥석 분양받지 마라. 시간이 조금만 지나면 50% 할인된 가격에 살 수도 있을 것이다.[대다수의 미분양물은 시행사에서 미분양 대출을 통해 렌트프리(rent free)로 임대를 맞추고 랜트프리로 운영하면서 영업이 잘되는 점포부터 매각에 나서게 된다.]

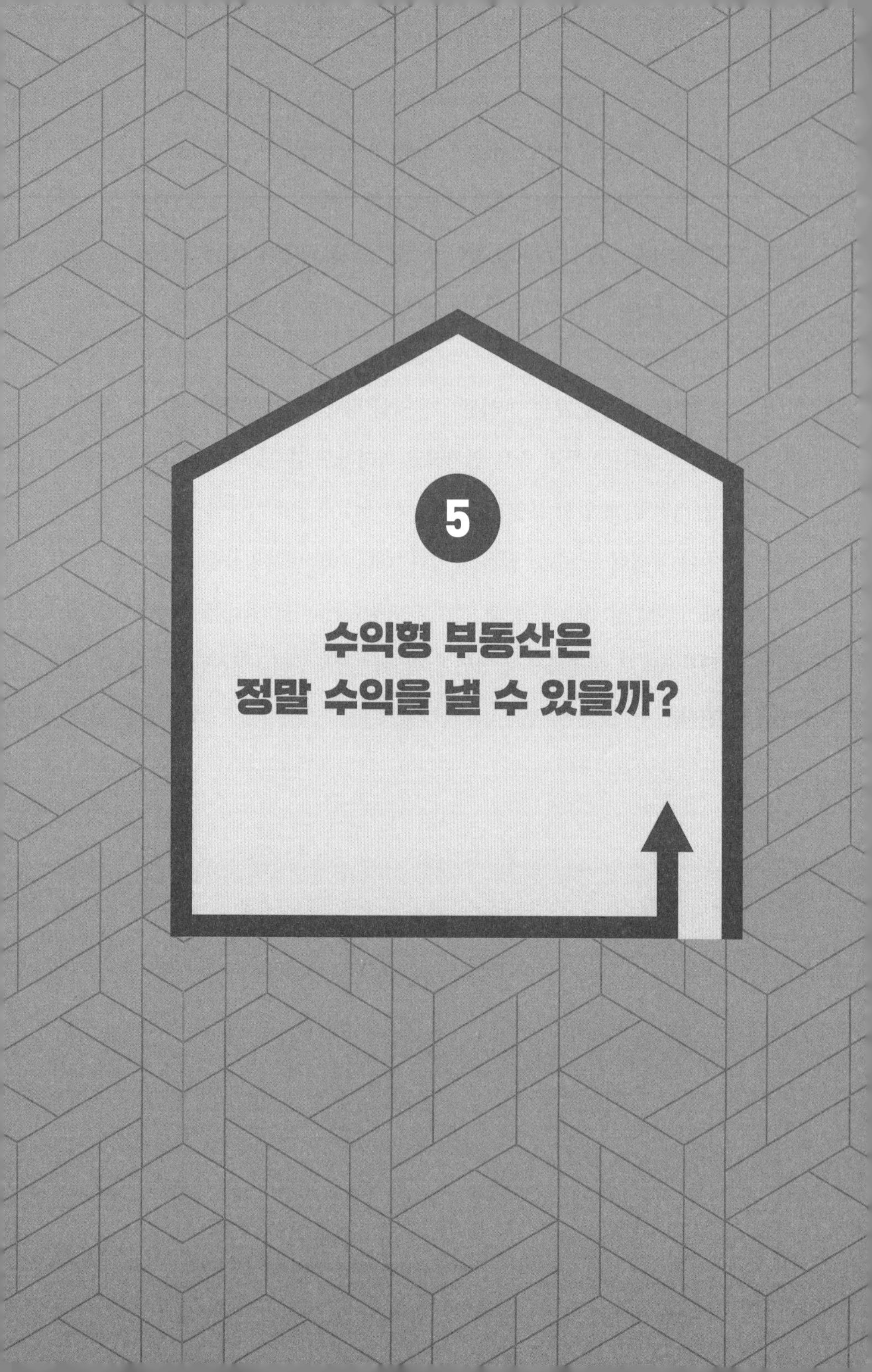
5
수익형 부동산은
정말 수익을 낼 수 있을까?

상가 수익의 꿈

수익형 부동산은 보유 중에 임대 수익을 얻을 수도 있고, 매각 시에는 양도 차익까지 기대할 수 있기 때문에 많은 사람이 투자하려고 한다. 수익형 부동산의 대표적인 유형으로는 집합 상가, 상가 빌딩, 오피스텔, 지식산업센터, 소형 아파트 등이 있다.

다음 페이지의 표는 2017년부터 2020년까지 4년 동안 오피스, 중대형 상가, 소규모 상가 그리고 집합 상가의 투자 수익률 변화다. 저금리 시대에는 수익률이 아주 극대화됐다. 2017년의 중대형 상가의 경우에는 수익률이 6.7%였고 2018년에는 6.91%, 2019년에는 6.29%, 2020년에는 5.1%가 나왔다. 그런데 금리가

2017~2020년 오피스·상가 투자 수익률

(단위: %)

구분	2017	2018	2019	2020
오피스	6.44	7.61	7.67	6.01
중대형 상가	6.71	6.91	6.29	5.10
소규모 상가	6.32	6.35	5.56	4.62
집합 상가	6.48	7.23	6.59	5.40

자료: KOSIS 국가통계포털

오른 2021년 3분기부터는 수익률이 아주 뚝 떨어진다. 중대형 상가를 기준으로 본다면 1.57%로 뚝 떨어지고, 2022년 3분기에는 1.32%로 완전히 하락했다. 1.32%의 수익률이라는 것은 대출금리의 절반도 안 되는 수익률이기 때문에 마이너스 수익률이 크게 나고 있다고 봐야 한다.

은퇴자 A씨의 상가 투자 사례를 보자. A씨는 2021년에 서울권 상가 분양을 받았다. 분양가는 12억 원인데 70%를 대출받았으니 8억 4천만 원의 대출을 받은 것이다. 대출금리는 상가를 분양받은 2021년에는 3.8%였는데 2023년 현재는 5.8%로 껑충 뛰었다. 2%가 더 오른 것이다. 다행히 임대를 해주게 되어 보증금 1억 원에 월 임대료 330만 원을 받게 되었다.

그럼 계산을 해보자. 2021년 당시 3.8%의 대출 이자를 냈기

2021~2022년 오피스·상가 수익률

(단위: %, 전기 대비, 전년동기대비 %p)

구분		2021년 3분기	2021년 4분기	2022년 1분기	2022년 2분기	2022년 3분기	전기 대비	전년 동기 대비
오피스	소득 수익률	0.74	0.95	0.96	0.96	0.73	-0.23	-0.02
	자본 수익률	1.05	1.16	1.03	0.91	0.94	0.03	-0.11
	투자 수익률	**1.80**	**2.11**	**1.99**	**1.87**	**1.67**	**-0.20**	**-0.13**
중대형 상가	소득 수익률	0.65	0.86	0.85	0.84	0.62	-0.22	-0.03
	자본 수익률	0.92	0.97	0.83	0.76	0.70	-0.06	-0.23
	투자 수익률	**1.57**	**1.83**	**1.68**	**1.59**	**1.32**	**-0.28**	**-0.25**
소규모 상가	소득 수익률	0.64	0.79	0.78	0.77	0.60	-0.17	-0.03
	자본 수익률	0.74	0.77	0.69	0.66	0.59	-0.07	-0.15
	투자 수익률	**1.38**	**1.56**	**1.47**	**1.43**	**1.20**	**-0.24**	**-0.18**
집합 상가	소득 수익률	0.89	1.02	1.02	1.02	0.87	-0.15	-0.02
	자본 수익률	0.71	0.64	0.53	0.51	0.51	0.00	-0.20
	투자 수익률	**1.61**	**1.66**	**1.55**	**1.54**	**1.39**	**-0.15**	**-0.22**

자료 : KOSIS 국가통계포털

때문에 월 대출 이자는 266만 원, 월 임대 소득은 330만 원이다. 그러므로 월 수익은 64만 원, 임대 수익률이 2.95%다. 그런데 2023년 1월에는 월 대출 이자가 406만 원으로 올랐다. 월 임대 소득은 여전히 330만 원이므로 월 수익은 마이너스 76만 원이 된다. 결론적으로 임대 수익률은 마이너스 3.5%다. 노후에 상가 수익으로 좀 편안하게 여생을 보내려다가 오히려 더 큰 고통을 안게 된 것이다.

많은 사람이 피로감을 느끼고 있는 상가의 경우 비교적 임대 관리가 수월하면서 매월 정기적으로 임대료를 받을 수 있다는 장점이 있다. 하지만 경기 불황이 장기화되거나 상권이 취약해지고 임차인의 영업 부진이 이어질 경우에는 임대료 연체와 공실에서 고통을 받을 수 있기 때문에 역시 상가 쪽은 조심해서 투자해야 한다.

조물주 위에 건물주가 있다는 말처럼 정말 많은 사람이 상가 빌딩을 갖고 싶어 한다. 상가 빌딩에 투자하는 투자 클럽도 있을 정도다. 그런데 2023년 이후에는 상가 빌딩에 투자할 경우 정말 조심해야 한다. 2018년 이전에 상가 빌딩에 투자한 사람들은 최근 폭등한 땅값, 폭등한 건물값으로 인해서 많은 수익을 창출했지만, 지금부터는 수익이 나지 않을 수 있다.

상가 빌딩은 2018년 이후 급등했기 때문에 이제는 그 가격 상승의 피로감이 있다. 그리고 금리 급등이라는 커다란 악재를 만나면서 지금은 거래마저 실종된 상태라고 보면 된다. 꼬마 빌딩은 시장에 내놔도 팔리지 않는다. 건물 전체에서 나오는 월세 수익보다 금리가 훨씬 무섭기 때문이다. 금리가 급격하게 하락하지 않는 이상 꼬마 빌딩에는 당분간 투자 생각을 접는 것이 현명할 것이다. 투자를 쉬는 것도 투자이기 때문이다.

주의해야 하는 수익형 부동산

그렇다면 많은 사람이 투자하는 오피스텔은 과연 어떨까? 최근 수년간 오피스텔 공급 물량이 크게 늘었고 대출 이자는 상승하면서 수익률이 크게 하락했다. 한때 주택에 대한 규제가 강화되면서 상대적으로 규제가 덜한 오피스텔이나 지식산업센터 같은 비규제 상품이 자연스럽게 인기를 끌었다.

그동안은 취득세를 낼 때 오피스텔은 주택에 포함되지 않았기 때문에 무주택자가 오피스텔을 수십 채 갖고 있더라도 문제가 없었다. 그러나 이제는 주택으로 간주될 수 있다. 행정안전부가 발표한 지방세법 개정안에 따르면 '2020년 8월 12일 이후 취득하는 오피스텔은 주거용 오피스텔에 한해서 주택 수에 포함된다'고

연간 오피스텔 임대 수익률

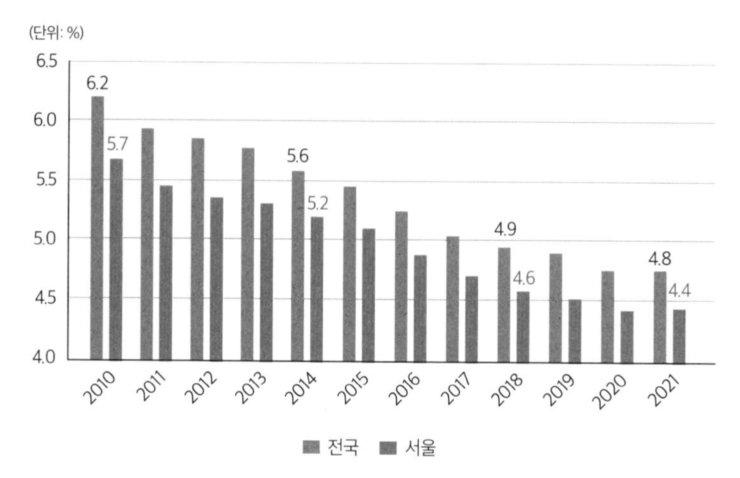

자료: 부동산R114

연간 오피스텔 공급량

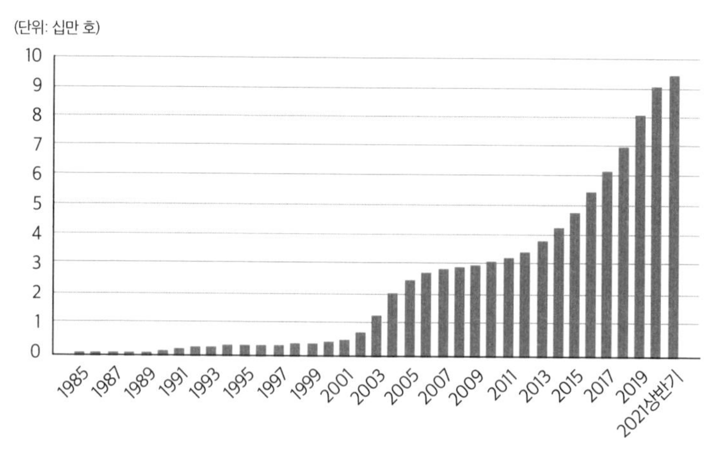

자료: 한국건설산업연구원

한다. 이렇게 발표하면서 오피스텔 거래량이 뚝 떨어졌고 수익률도 많이 하락했다.

2018년부터 2021년까지 오피스텔 분양이 분양 시장에서 완판 행진을 거듭하면서 최고급 하이엔드 오피스텔 분양도 많이 이루어졌다. 그러나 시간이 지나면서 강남의 최고급 하이엔드 오피스텔과 판교에서도 마피 매물이 출현하고 있다. 사례를 보면 2023년 2월 입주한 경기도 성남시 판교밸리 자이 3단지 오피스텔의 전용면적 84㎡는 분양권 8억 6,600만 원에 매물로 나와 있다. 분양가는 9억 5,600만 원이었다. 또한 2023년 1월에 입주한 서울 삼성동 파크텐 삼성, 전용면적 42㎡의 분양권도 1억 원가량 낮은 14억 원대의 매물로 나와 있다. 2023년 현재는 오피스텔 위주로 전셋값이 매매가격보다 비싼, 이른바 마이너스 갭투자까지 등장했다.

오피스텔의 경우는 상업용 부동산이면서 사실상 주거용 부동산처럼 사용할 수 있기 때문에 비교적 안정적인 임대료를 기대할 수는 있다. 하지만 공급이 쉬워서 신축 매물이 쏟아질 경우 빠르게 공실이 될 수도 있고, 노후화가 진행될수록 임대료도 하락하기 때문에 조심해야 하는 수익형 부동산이라고 할 수 있다.

최근 몇 년 사이 틈새 상품으로 자리 잡은 지식산업센터의 경우 일반 오피스에 비해 상대적으로 공급 가격이 저렴하고 세제 혜택도 많아서 투자 수요가 꾸준히 증가했다. 무엇보다 임차인이 법인 기업일 경우가 많기 때문에 장기 계약을 맺을 수 있다는 장점이 있다. 하지만 근래 들어서 빠르게 공급이 늘어나다 보니까 임대 수익률이 급격하게 떨어지고 있기 때문에, 이것 역시 지금부터는 조심해야 할 수익형 부동산으로 보인다.

환금성에 주목하라

종합해볼 때 수익형 부동산 투자는 금리와 무관할 수 없다. 수익형 부동산은 기본적으로 대출을 기반으로 투자하기 때문에 기준금리와 가산금리 변화가 수익률에 직접적인 영향을 끼친다. 따라서 금리가 급격하게 하락하지 않는 이상 수익형 부동산은 급등할 수가 없는 사회적 분위기라는 것을 기억했으면 한다.

사람들은 노동을 통해서 수익을 낼 때보다 부동산을 통해서 수익을 낼 때 더 큰 기쁨을 얻는다고 한다. 하지만 반대로 수익형 부동산으로 수익을 내려다가 수익을 내지 못하고 손해를 본다면 그것 또한 심리적으로 큰 충격이 된다. 그렇기 때문에 수익형 부동산은 정말 잘 선택해야 한다는 당부를 하고 싶다.

일반적으로 말하는 '투자 3요소'가 있다. 그건 바로 수익성, 환금성 그리고 안정성이다. 보유 중인 자산 규모가 작거나 투자자의 연령대가 높거나 투자자의 투자 성향이 위험 회피형일 경우에는 안정성에 치중해 투자한다. 반면 투자자의 연령대가 낮거나 투자한 자산 규모가 클수록 안정성보다는 수익성에 더 비중을 두는 경향이 있다.

3가지 요소 중 가장 큰 비중을 두기를 추천하는 것은 바로 환금성이다. 즉 물건을 빠르게 현금화할 수 있느냐를 보는 것이다. 빠르게 현금화할 수 있는 부동산은 그만큼 매수자가 대기하고 있다. 그리고 매수자가 대기하고 있다면 그만큼 수익성도 있고 안전성도 있다고 판단할 수 있다.

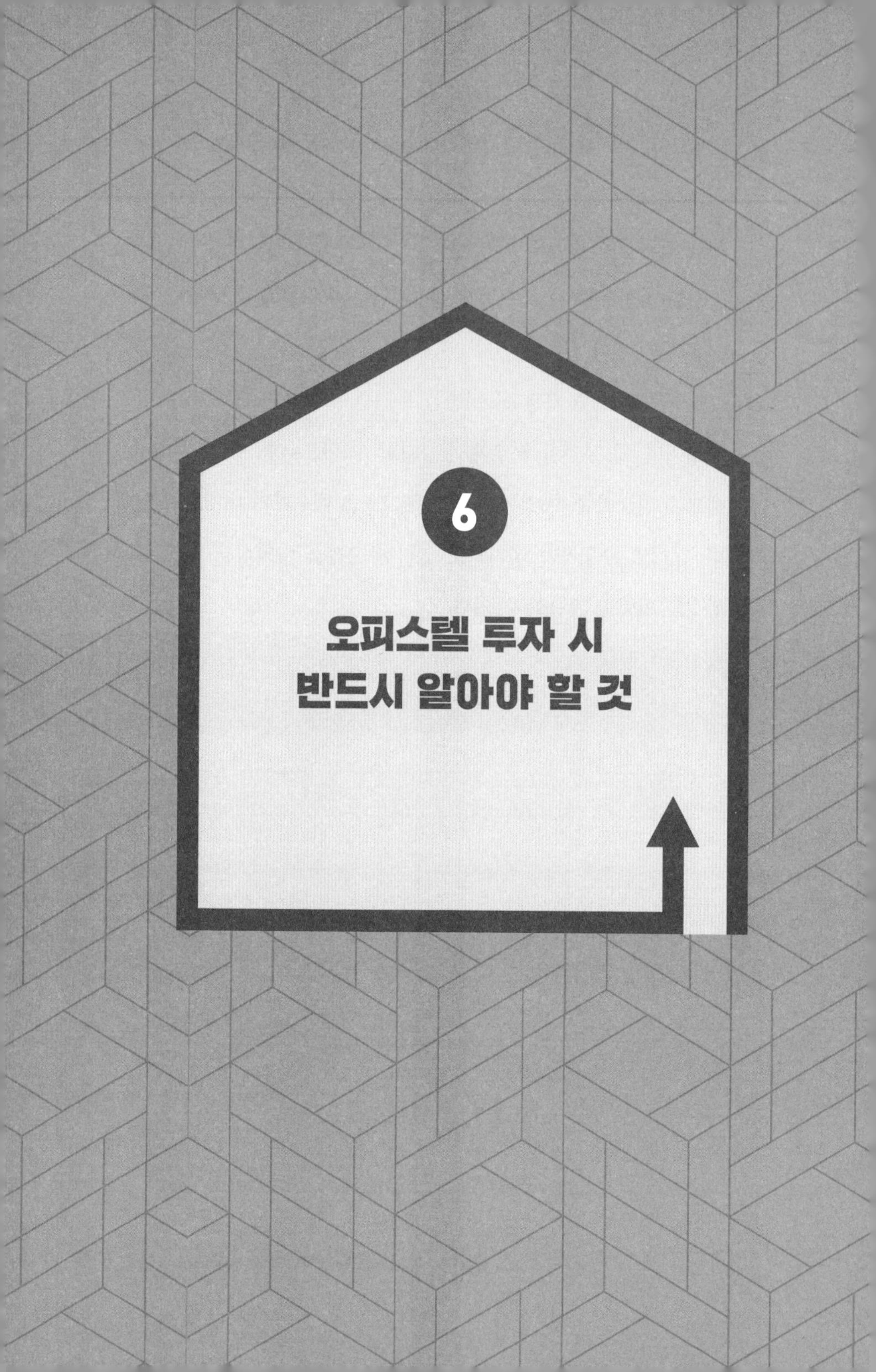
6
오피스텔 투자 시
반드시 알아야 할 것

꾸준히 유지되던 오피스텔의 인기

오피스텔에 대해 더 자세히 알아보자. 오피스텔의 시작은 상업 지역에 공동주택 건설을 못하게 하는 규제를 회피하기 위해 1985년 최초로 선보인 형태의 건축물이다. 많은 사람이 잘 알고 있는 잠실 롯데월드타워의 시그니엘 레지던스 또한 오피스텔로 지어졌다.(참고로 한국 최초의 오피스텔은 성지건설에서 지은 마포 성지빌딩이다.)

오피스텔은 특성상 짓는 공법과 세법 등 각종 법규별로 주거를 위해 사용하는 경우도 있고 업무 시설로 사용하는 경우도 있는데, 기본적으로는 등기부 등본상 오피스텔은 업무 시설이기 때문

업무용과 주거용 오피스텔의 비교

구분	업무용 오피스텔	주거용 오피스텔
주택 수 포함	미포함	포함
매입 시 부가세 환급	가능	불가능
취득세 감면	85%까지 감면 가능	4.6% 고정
임대소득세	• 종합소득세 과세 • 월세에 부가세 10% 부과	• 연 2천만 원 분리과세 가능 • 종합소득세 과세
전입신고	불가능(전세권 설정 필요)	가능
세입자 구하기	비교적 어려움	비교적 쉬움

에 업무 시설에 대한 세금이 부과된다. 위의 표는 업무용 오피스텔과 주거용 오피스텔의 세금 분류 등을 비교해둔 것이다.

대한민국 세법상 세금은 등기부 등본이 기준이 아니라 실질을 기준으로 판단하기 때문에, 오피스텔이 업무용으로 사용되었다면 업무 시설에 대한 세율이 적용되고 주택용으로 사용되었다면 주택과 같은 세금이 적용된다.

많은 사람이 아직도 착각하는 것이 오피스텔은 주택으로 간주되지 않기 때문에 1가구 2주택에서 제외된다는 것이다. 그러나 이것은 이제 틀린 말이다.

지난 20년간 우리나라 부동산 역사를 보면 부동산 침체가 2008년부터 2013년까지 이어졌던 적이 있다. 2008년 7월 기준에 미분양이 16만 가구를 넘어 1997년 IMF 외환위기 이후에 사상 최고의 수준에 근접했고, 기존의 주택이 거래되는 일도 좀처럼 찾아보기 어려웠었다.

그러나 이와 같은 침체 속에서도 2010년 오피스텔의 수익률은 전국 평균 6.19%의 수익률을 찍어서 어려웠던 시기에도 높은 수익률을 보였다. 그리고 2017년까지 연 5% 이상의 수익률을 꾸준히 보여줬다.

또한 2021년에도 오피스텔 분양의 경우 건축법을 적용받아 규제에서 비교적 자유로웠다. 그리고 청약 통장이 필요 없어서 운이 좋으면 당첨이 가능하며 거주지나 주택 소유 여부도 따지지 않는다는 장점이 있었다.

거기에다 주택이 아니기 때문에 취득세가 중과되지 않으며 대출 규제도 상대적으로 덜했다. 100실 미만 오피스텔의 경우는 전매 제한 규제에서도 자유로웠다.

그렇기 때문에 2021년에는 오피스텔의 거래량도 크게 늘었다. 국토교통부 실거래가 자료를 보면 2021년 10월까지 전국의 오피스텔 매매 거래량은 5만 9천 건이 넘었는데, 이것은 전년도에 비해서 67%나 늘어난 것이었다. 그만큼 오피스텔의 인기는 꾸준히 유지돼왔다.

전국 오피스텔 수익률 및 3.3㎡당 매매가격 추이

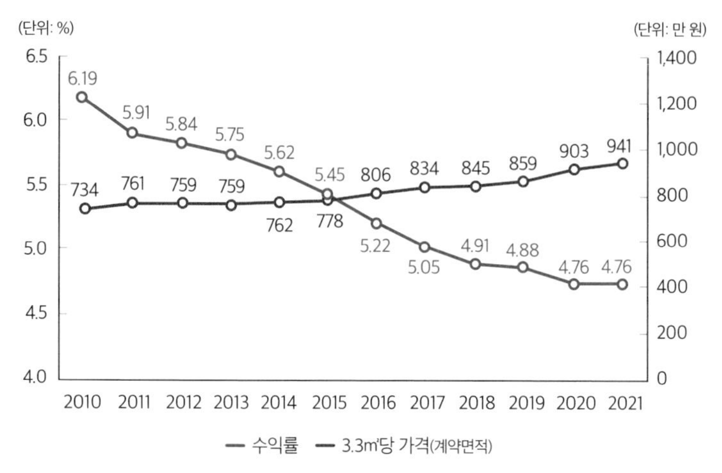

자료: 부동산R114

전국 오피스텔 분양 물량 및 입주 물량 추이

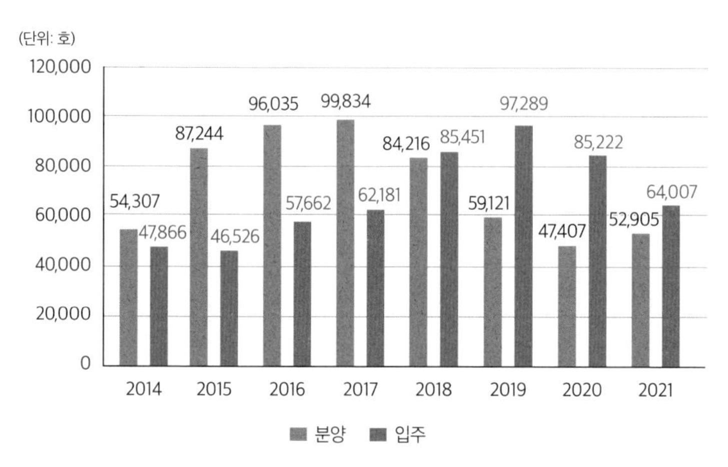

자료: 부동산R114

규제와 금리 인상으로 거품이 꺼지다

그러던 오피스텔 시장에 갑자기 찬 바람이 불기 시작한 것은 2022년부터다. 대출 규제가 강화됐고, 이로 인해 오피스텔 거래 수요가 점차 줄어들었다. 2021년까지는 오피스텔은 아파트와는 달리 투기과열지구에서도 LTV, 즉 담보 대출 비율이 70%까지 적용이 되었는데, 2022년 1월부터 정부가 오피스텔과 주상복합, 상가 등 비주택 담보 대출에도 차주별 총부채 원리금 상환 비율, 즉 DSR을 40% 적용하도록 했다. 수요자들이 자금 여력이 줄어들게 된 것이다.

그런데 아파트 가격이 급등하기 시작하면서 아파트로 시세 차익 실현이 어려워지자 오피스텔이 대체 투자처로 부상했다. 오피스텔은 주택 임대차 사업 등록이 가능해 다양한 세제 혜택을 받을 수 있다는 장점도 있었다. 예를 들어 투룸 이상의 전용면적 84㎡ 이상의 주거용 오피스텔 보통 '아파텔'이라고 하는데, 이것의 인기가 갈수록 커졌다. 아파트 청약에 청약을 신청하면 당첨되기 어려웠던 시절에 2030세대가 주거용 오피스텔에 눈을 돌리면서 인기가 갑자기 급상승한 것이다. 주변 아파트의 평균 매매가보다 비싼 오피스텔도 등장했다.

나는 이때 부동산 거품 이야기를 했었다. 여러 가지 이유로 오피스텔이 아파트보다 비싸다는 것은 부동산의 튤립버블(17세기 네덜란드에서 사람들이 튤립에 과열 투기해 일어난 거품 현상)이 일어난 것과 같다고 판단했다. 이 시기에 부동산 개발업자들은 상업용지를 마구 사들여 오피스텔을 짓기 시작했고 분양하는 대로 족족 완판을 이어가면서 상업용지의 땅값은 그야말로 부르는 대로 뛰기 시작했다. 부동산 거품의 파도가 시작된 것이었다.

물론 나는 이 부동산 거품이 결국 부동산 개발업자들의 목을 조일 것이라고 생각한다. 그 이유는 턱없이 뛴 땅값을 반복적으로 치르면서 개발 사업을 멈추지 못하기 때문이다. 언젠가는 하이라이트 격인 마지막에 미분양이나 미계약으로 그동안 벌었던 모든 것이 한방에 날아가는 부도 사태를 맞이할 수 있다. 그렇게 되면 부동산의 거품은 사라지기 시작할 수 있다고 나는 보고 있다.

이렇듯 영원할 것으로 여겨졌던 오피스텔의 안정적 수익률도 결국 2022년 8월 금리가 오르기 시작한 상황, 또 호황기 때 지어진 공급 과잉 앞에서는 힘을 쓰지 못했다. 그동안 초저금리 시대의 전성기를 누려왔던 오피스텔이지만 2022년 하반기부터 지속적인 금리 인상, 대출 규제 여파로 무더기로 청약 미달이 발생하는 등 하락의 길로 진입했다. 나는 유튜브 채널 〈표영호 TV〉를 통해 이것을 여러 번 예측한 바가 있는데, 1년 반 만에 이것이 현실이 됐다.

강남권에도 폭등은 없다

많은 사람이 역세권의 오피스텔, 특히 강남 역세권의 하이엔드 오피스텔의 전망을 궁금해한다. 2023년부터 2025년까지, 적어도 3년 동안은 오피스텔 시장에 그야말로 암흑의 시대가 올 것이라고 전망한다. 실제로 2021년 아파트 가격이 고공행진할 때 분양했던 하이엔드 오피스텔이 완판되었는데, 입주 시기가 다가오자 수분양자들이 잔금을 치르지 않고 가격 인하를 요구하는 사례가 속출하고 있다.

여기서 우리가 배워야 할 것은 부동산 가격이 아무리 급등하고 급등이 멈추지 않을 것 같은 시기라 하더라도 절대 오피스텔이 아파트의 주거 환경을 이길 수 없다는 것이다. 2022년, 2023년에는 결국 오피스텔의 경우 신규 사업과 분양 시장이 완전히 얼어붙었고 분양권에는 마이너스 프리미엄, 일명 마피 물건이 쏟아지기 시작했다. 그동안 하이엔드 오피스텔(한 평에 1억 정도 하는 오피스텔) 지어서 분양한 개발 업체들이 큰돈을 벌 수 있었지만 또다시 큰돈을 까먹게 되는 일이 벌어진 것이다.

나에게 상담을 요청하는 사람들 중 3~4년 전에 오피스텔을 고가에 분양받았다가 최근에 몇 억을 손해 보고 손절하느냐 마느냐 고민하는 사람이 많다. 실제로 현재 대한민국에서 가장 땅값이 비싸다고 하는 서울 삼성동에 2023년에 입주한 하이엔드 오피스텔 경우, 전용면적 42㎡의 분양권이 14억 원대의 매물로 나와 있는데 거래가 되지 않는다. 이 물건의 분양가는 15억 원대였다. 아마도 2024년이 되면 이 분양권의 가격은 더 하락할 것이다.

또한 지난 2021년 9월에 그야말로 투자 광풍을 불러일으켰던 서울 강서구 마곡 특별계획구역에 지어진 생활용 숙박시설은 분양 당시 청약 통장과 무관하고 분양권 전매도 자유롭다고 해서 57만여 건의 역대급 청약 건수를 올렸다. 평균 경쟁률이 657 대 1에 달했고 분양 직후에는 1억 원대의 프리미엄이 형성되었다. 그러나 현재는 1억 5천만 원의 마피 상태로 매물이 크게 나와 있는데 이마저도 거래가 되지 않는다. 이것이 2023년 상반기 현재의 오피스텔 시장, 소형 주거용 부동산의 현실이라고 보면 된다.

오피스텔에 투자하려는 사람들이 상담을 해올 때 내가 당부하는 말이 있다. 이왕에 오피스텔에 눈독을 들이고 투자를 생각한다면, 기본적으로 직주 근접 오피스텔에 투자해야 한다는 것이다. 업무 시설이 밀집해 있거나 대학가에 있거나 지하철역과 연결되어 있는 등 교통 환경이 아주 좋은 곳에 투자를 하면 비교적 공실 위험은 줄일 수 있기 때문이다. 오피스텔은 라이프사이클과 동선이 잘 맞아서 이동이 용이한 곳에 있어야 그 가치를 더 발휘할 수 있다. 반대로 말하면, 투자를 피해야 할 오피스텔은 직주 근접과

거리가 먼 곳에 위치한 오피스텔이다.

강남권의 경우에는 하이엔드 오피스텔이 많은데, 그 이유는 강남은 지하철이 그물망처럼 잘 연결돼 있어 강남권 전체가 역세권이라고 봐도 무방하기 때문이다. 다만 강남권에서도 위치가 중요하다. 평지가 아니라 언덕 위에 있거나 고가이거나 유흥권에 있다면 반드시 피해야 할 주거용 오피스텔이라고 본다. 특히 여성의 경우는 유흥권에 있는 오피스텔을 꺼리는 경향이 강하다.

서울 강남권에 있는 오피스텔이라고 해도 조심해야 할 것은 앞으로 가격이 또다시 그렇게 폭등하지 않는다는 것이다. 2023년 상반기 기준으로 강남권의 오피스텔에도 공실이 많다는 것을 기억해줬으면 좋겠다.

7

하락장에 흔들리는 GTX

GTX 개발 호재가 부른 광풍

과도한 기대를 불러일으킨 GTX 광풍. 부동산의 가치 상승은 교통 호재가 가장 크게 견인하는 것이 사실이다. 직주 근접이나 학군과 함께 교통 호재는 아파트 가격을 끌어올리는 3대 요인으로 꼽힌다.

아파트 가격이 상승하던 시절 GTX에 대한 과도한 기대가 집값 상승에 큰 역할을 했다. 2021년 7월까지 수도권 아파트 가격은 9년 만에 최고로 상승했는데, 상승 요인 중 첫 번째가 GTX 개통이라는 호재였다. 정부의 각종 규제에도 서울의 중저가 단지와 수도권 광역급행철도 GTX 라인에 있는 단지를 중심으로 수요가 꾸준하고 집중적으로 몰렸다. 그 결과 집값이 안정되기는커녕 오히려 더 치솟았다.

GTX는 A, B, C, D의 4개 노선을 개통한다는 계획인데, 이 중에 특히 A 노선과 C 노선에 정차하는 GTX 역 부근으로 부동산 가격이 초급등을 이어갔다. 그중 가장 많이 뛴 곳은 GTX-A 노선 부근이었다. 파주, 고양, 성남, 용인, 화성이 GTX-A 노선에 포함되기 때문에 2019년 3분기부터 2022년 3분기까지 평균 집값이 가장 많이 급등한 지역이다.

그다음은 GTX-C 노선인데 수원, 의왕, 안산, 군포, 안양, 과천, 의정부, 양주가 여기에 포함되며, 이 지역들은 2019년 3분기부터 2022년 3분기까지 평균 집값이 두 번째로 많이 뛰었다.

상대적으로 GTX-B 노선인 인천, 부천, 남양주 노선은 A, B, C 중에 상대적으로 가장 적은 상승을 했다. 그 이유는 딱 한 가지였다. 이 노선에 강남, 삼성이 포함되지 않기 때문이다. 어느새 집값을 논할 때 그 기준은 항상 강남이 되었다. '강남까지 몇 분 만에 도착한다', '강남까지 한 번에 간다', 이런 수식어가 붙으면 집값이 요동을 쳤기 때문이다. 시행사나 분양사에서는 이런 마케팅을 주로 쓰면서 소비자들에게 고가의 주거용 부동산을 분양할 수 있었다.

A 노선 통과 지역 중 경기 고양시는 2020년부터 2022년까지

GTX 노선별 통과 지역 평균 집값 추이

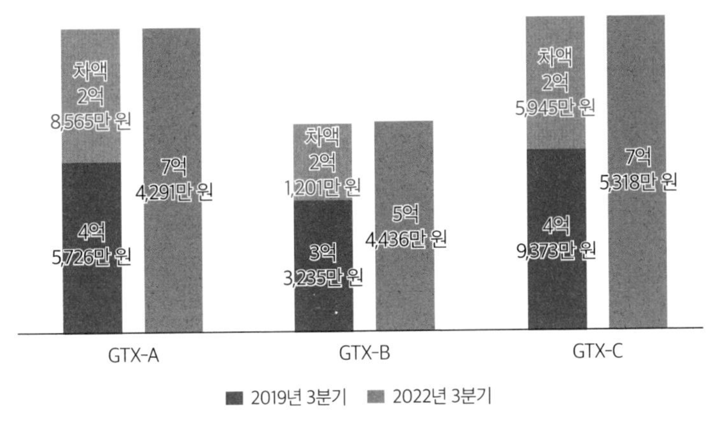

• GTX-A: 파주, 고양, 성남, 용인, 화성
• GTX-B: 인천, 부천, 남양주
• GTX-C: 수원, 의왕, 안산, 군포, 안양, 과천, 의정부, 양주

자료: 부동산R114

2년 동안 가구당 평균 가격이 3억 8,406만 원에서 6억 701만 원으로 2년 만에 2억 2,295만 원 상승했다. 역시 A 노선에 포함되는 성남의 경우에도 2020년 3월에 8억 9,636만 원에서 2022년 3월 12억 4,068만 원으로 2년 만에 평균 가격이 3억 4,432만 원 뛰었다.

C 노선 통과 지역도 마찬가지였다. 포일동 인덕원 푸르지오 엘센트로 전용 84㎡는 2019년 11월 분양가가 5억 후반대였는데 2021년 6월에 최고가 16억 3천만 원을 찍어, 2년도 채 안 되는

기간에 11억 이상 상승한 최고가로 기록돼 있다. 3배 이상이 뛴 것이다. 이런 영향으로 인덕원 일대 거의 모든 아파트는 지역이 의왕시임에도 불구하고 아파트 이름 앞에 인덕원이라는 단어가 붙었다. 인덕원이라는 단어가 들어가면 가격이 달라지기 때문이었다.

GTX 노선 개발의 호재로 인해 부동산 개발업체는 이를 마케팅 삼아 부동산 폭등을 견인했다. 그렇게 되면서 GTX 선을 따라 땅값도 급등했다. 개발업체가 한 지역의 개발이 끝나고 나면 다른 지역을 또 개발하려고 땅을 사들이고, 이때 급등한 가격을 치르고 땅을 매입해서 개발하기를 반복한다. 이는 부동산의 분양가가 고공행진을 하게 된 배경이기도 하다.

폭등한 가격이 발등을 찍다

물론 시간이 지나 우리는 자연스럽게 알게 되었다, 그렇게 땅값을 띄운 결과 고분양가는 분양되지 않는 상황이 벌어진다는 걸. 결국 땅값을 올린 부동산 개발업체는 스스로의 발등을 찍는 상황에 몰리는 것이다.

수도권 광역급행철도 GTX 개발 호재로 2021년까지 초급등했던 수도권의 아파트 가격은 2021년 미 연준의 기준금리 인상을 시작으로 급격하게 하락하는 분위기다. 급등했던 부동산 시장은 다시 급락하기 시작했다. 특히 GTX 선을 따라 올랐던 것만큼 이번에는 GTX 선을 따라 하락하는 양상을 보였다. 경기도 의왕, 화성, 용인시 등에서 거래 최고가보다 40~50% 떨어진 단지가 속출하기 시작했다. 특히 의왕시의 경우 인덕원역이 GTX-C 노선에 포함된 덕분에 2021년 전국 시군구 중 집값 상승률이 가장 높았는데, 하락할 때도 가장 높은 하락률을 보였다.

개별 단지별로 살펴보면, 앞서 언급한 의왕시 포일동 인덕원 푸르지오 엘센트로 84㎡의 경우 2021년 6월에 16억 3천만 원까지 최고가를 찍었지만 2022~2023년 1월에는 9억 6,698만 원까지 하락해서 거래됐다. 의왕시의 84㎡ 아파트로는 처음으로 대출금지선이었던 15억 원 선을 뚫고 최고가를 찍었는데, 1년 반 만에 최고가보다 6억 6천만 원, 40% 넘게 하락한 것이다. GTX-A 노선의 경우도 마찬가지였다. GTX-A 노선에 정차하는 덕에 급등했던 동탄역 일대 단지들도 급락했다. 최고가 대비 반토막이 나오는 아파트들이 수두룩했다.

GTX 로또라고 불릴 정도로 자고 일어나면 수억 원씩 오르던 집값이 이젠 자고 일어나면 수억 원씩 내리게 됐다. 고가에 아파트를 매입한 사람들에겐 그 집이 로또가 아니라 무덤이 된 것이

수도권 아파트값 상승률 추이

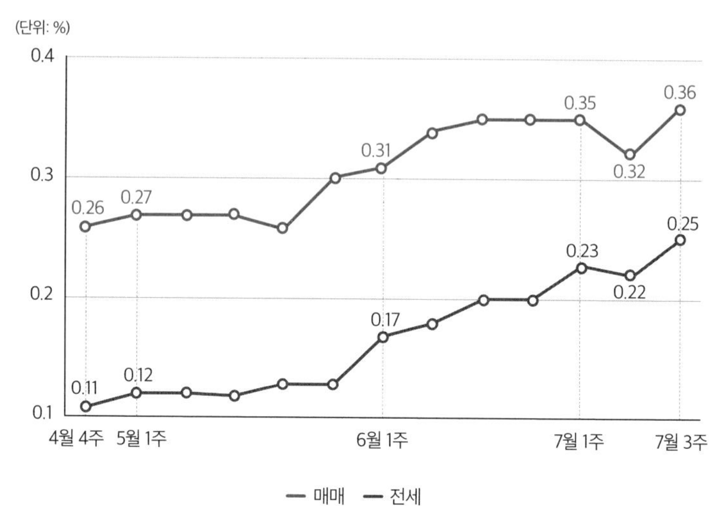

• 2021년 7월 21일 기준

자료: 한국부동산원

다. 부동산과 주식의 공통점이 있다면 호재가 있을 때 선반영돼서 가격이 정해진다는 것이다. GTX 선을 따라 GTX가 완공이 되기도 전에 선반영된 집값은 GTX가 완공되기도 전에 다시 폭락하고 있는 것이다.

저금리 시대에 유동성이 풍부할 때 레버리지를 많이 일으켜 패닉 바잉을 했던 사람들이 이제 패닉 셀, 즉 공포 매도로 돌아서는 바람에 집값은 이처럼 롤러코스터를 타고 있다.

부동산 거품 붕괴 가능성은?

우리가 2023년, 2024년에 눈여겨봐야 할 것은 부동산 시장의 거품 붕괴 가능성이다. 국내외 부동산 연구 기관들의 보고서를 종합하면 서울은 30~50%, 수도권은 30~40%, 지방은 30% 정도의 거품이 끼어 있다. 실제로 지난 5~6년간 강남의 집값은 3배, 서울은 2.5배, 인천도 2.5배, 지방은 평균 1.5배 이상 오른 것으로 추측된다. 물론 여기에는 호재에 따라, GTX 노선에 따라 서너 배 뛴 것도 있다.

부동산 가격은 경제성장률 내지 소득증가율 그리고 글로벌 평균 집값 상승률을 초과하는 경우 거품으로 추정할 수 있다. 코로나 사태 이후 금리 인하와 양적완화를 한 결과, 내재적 가치가 아닌 유동성 증가로 인해 집값과 땅값이 폭등한 것이다. 부동산 하락기에 접어든 지금, 과연 이 거품이 걷힐 것인가를 눈여겨봐야 한다.

모든 재화의 고점은 그 재화에 관심없던 사람들이 관심을 갖고 시장에 뛰어드는 때라고 생각한다. 예를 들어 주식에 관심 없던 사람들마저 주식 시장에 뛰어들면 그때가 고점이라고 본다. 그러므로 '영끌'을 했던 2030세대가 부동산에 투자를 할 때 우리는 고점이라는 인식을 반드시 가졌어야 했다. 어떤 재화의 가격이든 끝없이 오를 수만은 없는 것이다. 이것을 명심해야 한다.

8

풍선효과의 제로섬 게임

규제할수록 부풀어 오르는 풍선효과

부동산 시장의 풍선효과는 어제오늘의 일은 아니다. 이것은 부동산의 광풍이 부는 대한민국의 특성상 항상 있었던 문제다. 2020년 집값이 급등할 조짐을 보이자 정부가 6.17 부동산 대책을 내놨는데, 집값 상승의 주범으로 갭투자와 법인 투자자를 지목했다. 정부가 갭투자를 막기 위해서 우선 기존의 9억 원 초과 주택에만 적용했던 전세자금 대출 규제를 투기 지역과 투기과열지구의 3억 원 초과 아파트로 대폭 확대했다. 전세대출을 새로 받은 후 투기 지역이나 투기과열지구에 3억 원 넘는 아파트를 구입하면 기존 대출은 바로 갚아야 하며 기존 대출도 만기 연장이 제

2020년 부동산 거래 중 갭투자 비중

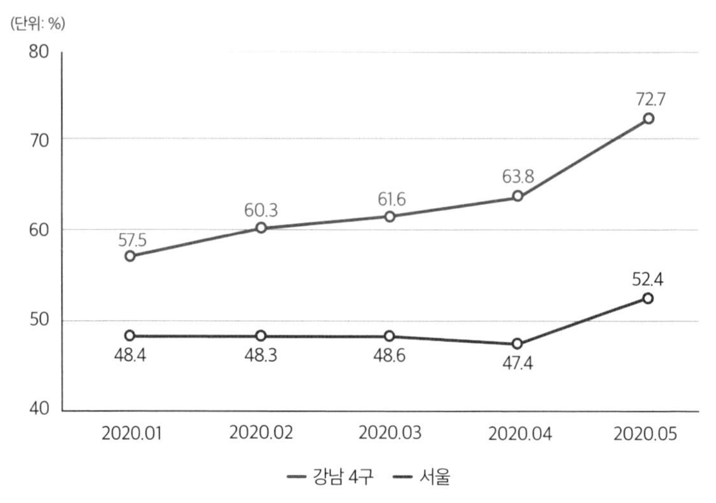

자료: 국토교통부

한되도록 했다.

이렇게 되면 사실상 서울 시내에서는 직접 살지 않으면서 전세를 끼고 집을 사는 갭투자가 완전 차단될 것이라고 생각했다. 서울 시내 아파트 중에 97%가 넘는 비율이 시세 3억 원을 초과하기 때문이었다.

그리고 실거주자만 이용할 수 있도록 주택담보대출을 이용해 집을 산 뒤에는 곧바로 전입 신고를 하도록 했다. 법인이 보유한 주택은 공시가격에서 6억 원을 공제하는 과세표준 공제를 폐지했고, 다주택자가 종부세를 아끼기 위해 법인 명의로 주택을 분산하는 것을 막았다.

이렇게 온갖 규제를 통해서 집값 폭등을 막으려 했으나 실수요자들 입장에서 서민들의 사다리까지 걷어찼다는 말이 나올 정도로 실수요자들이 꽤 큰 피해를 보았다. 이러한 이유로 인해서 수도권 규제 지역의 인근 비규제 지역의 거의 모든 주택이 큰 폭으로 가격이 상승하는 현상이 생겼고, 전형적인 풍선효과의 악순환이 발생했다.

규제 지역으로 묶어 부동산 급등을 막으려 했지만 비규제 지역으로 남은 지역, 예를 들면 경기 김포시의 경우 가격 상승률이 전국 최고치를 기록했다. 서울과 맞닿아 있는 경기 지역 중에 유일한 비규제 지역이 됐기 때문에 사람들은 풍선효과가 나올 것이라고 예견했는데, 그 예견은 정확하게 일치했다. 규제를 받지 않는 비규제 지역에 투기꾼들이 몰리는 것은 어쩌면 당연한 것이다.

그런데 정부가 규제 지역을 넓혀갈수록 집값은 급등하기 시작했다. 사람들 심리 속에 지금이 아니면 내 집 장만이 어려워지겠구나 싶어서 구매 지수가 올라간 것이다. 2020년 12월 전국 아파트값이 역대 최고 상승률을 기록하며 기존의 기록을 갈아치웠다.

이에 깜짝 놀란 정부는 서울 수도권뿐만 아니라 사실상 전국 아파트값이 크게 오르는 부산, 대구, 파주를 비롯한 풍선효과가 나타난 37곳을 규제 지역으로 추가 지정했다. 당시 대구에서는 규제 지역에서 빠진 달서구에서 한 달 사이에 아파트 가격이 2억 원이나 급등하는 사례도 나타났다. 다급해진 정부는 부산의 강서구와 대구 달서구를 포함한 조정 대상 지역을 확대했는데, 이렇게 지방의 집값 상승이 다시 서울 집값을 자극하는 모양새로 방향을 틀었다.

2021년 6월에 수도권 아파트값은 역대 최고 상승률을 경신하면서 풍선효과는 지방을 찍고 서울로 왔다. 이렇게 풍선효과는 반복된다. 여기 누르면 저기가 튀어나오고, 저기를 누르면 여기가 튀어나오면서 부동산 가격은 급등했다.

2020년 아파트 전셋값 상승률

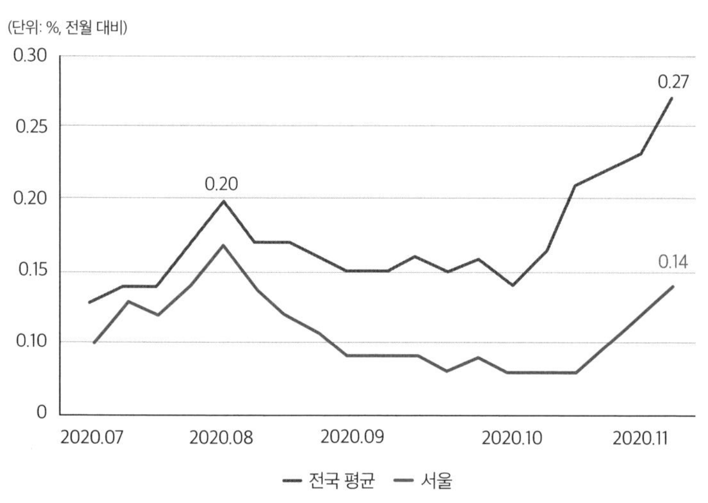

자료: 한국감정원

2020년 아파트 매매가격지수 변동률

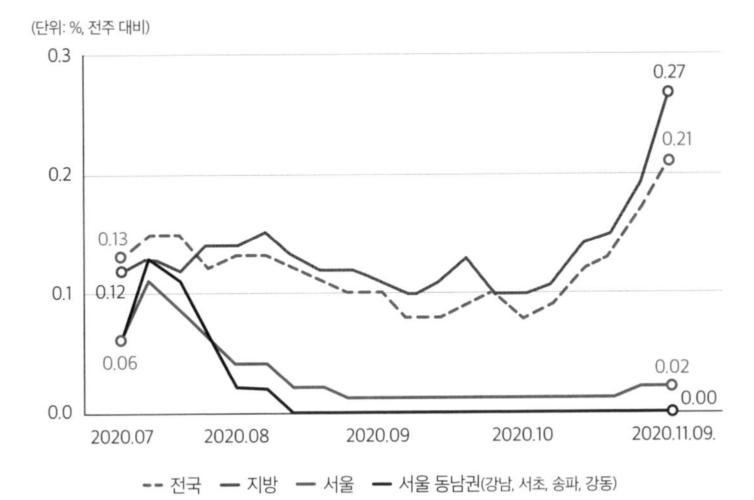

자료: 한국감정원

지역뿐 아니라 주택 형태별 풍선효과가 나타나다

'규제 지역에 포함되느냐, 포함되지 않았느냐' 하는 지역별로도 풍선효과가 있지만 부동산 종류별로도 풍선효과는 나타났다. 집값 폭등의 여파는 전세 시장에도 영향을 줬는데 서울, 경기 지역 아파트 전셋값이 급등하면서 오피스텔에까지 풍선효과가 번지기 시작했다.

아파트값이 폭등하면서 아파트의 전세가도 올라갔고, 아파트의 전세가가 오르면서 아파트값도 폭등했듯 이제 그 수요가 서울과 수도권의 오피스텔 전세가율을 자극하기 시작했다. 2022년 서울과 경기 지역의 오피스텔 전세가율은 80%를 웃돌았고, 이것이 오피스텔의 가격을 끌어올렸다. 매매가격이 하락할 때는 매매가격보다 비싸게 임대되어 전세가가 매매가보다 높아지므로 깡통 전세가 될 수 있는 것이다.

2022년 서울 오피스텔의 전세가율은 82.9%로 역대 최고 기록을 경신하고 있다. 경기도 역시 2022년 4월에 오피스텔 전세가율이 84.7%까지 뛰어오르며 조사 이후 최고 수준을 보여줬다. 전세가율은 매매가격 대비 전셋값의 비율인데, 매매가격이 전셋값 대비 적게 오르면 이 비율은 높아지기 마련이다.

이것의 부작용으로 강남권의 하이엔드 오피스텔이 탄생했다. 평당 1억 원이 넘게 분양하는 오피스텔이 나오면서 청년 세대는 더 희망을 잃게 됐다. 강남권의 아파트 가격이 초급등하면서 '강남권의 아파트에 입주하지 못하는 수요를 오피스텔로 채울 수 있다'고 마케팅했고, 실제로 2020년에는 하이엔드 오피스텔의 분양이 잘됐었다.

풍선효과는 오피스텔로만 튄 것이 아니다. 생활용 숙박시설, 도시형 생활주택, 빌라 등 다양한 주거용 부동산으로 풍선효과는 점점 더 번져갔다. 대한민국 전 지역이 주거용 부동산의 가격이 급등하고 주거용 부동산의 가격이 급등하니까 지식산업센터와 같은 수익형 부동산도 급등하기 시작했다.

정부가 규제 지역을 하나하나 묶어가면서 사실상 투기 세력들에게 잔치판을 벌여준 것이나 다름없다. 정부의 부동산 규제로 인해 생겨나는 풍선효과를 사실상 막을 방법이 없다. 다만 풍선효과로 인해 피해를 보는 사람은 내 집 마련의 꿈을 접어야 하는 실수요자들과 거품 낀 고가에 집을 산 수요자들이라고 할 수 있다.

부동산 투자를 할 때 한번 상투를 잡으면 10년은 고생한다. 그렇기 때문에 부동산 투자로 성공하기 원한다면 지역의 분석과 가격 등을 고려해 사람들이 가장 선호하는 지역을 선택하는 눈을 기르는 것이 우선이다. 또한 급등할 가능성이 있는 타이밍을 잡는 것이 중요하다.

똘똘한 한 채는 언제나 유효하다. 그런데 많은 사람의 인식에, 똘똘한 한 채는 강남권에 있는 아파트를 지칭하기도 한다. 그러나 넓은 의미에서 똘똘한 한 채는 꼭 강남권만의 전유물은 아니다.

PART 4

부동산 시장은 앞으로 어떻게 될까?

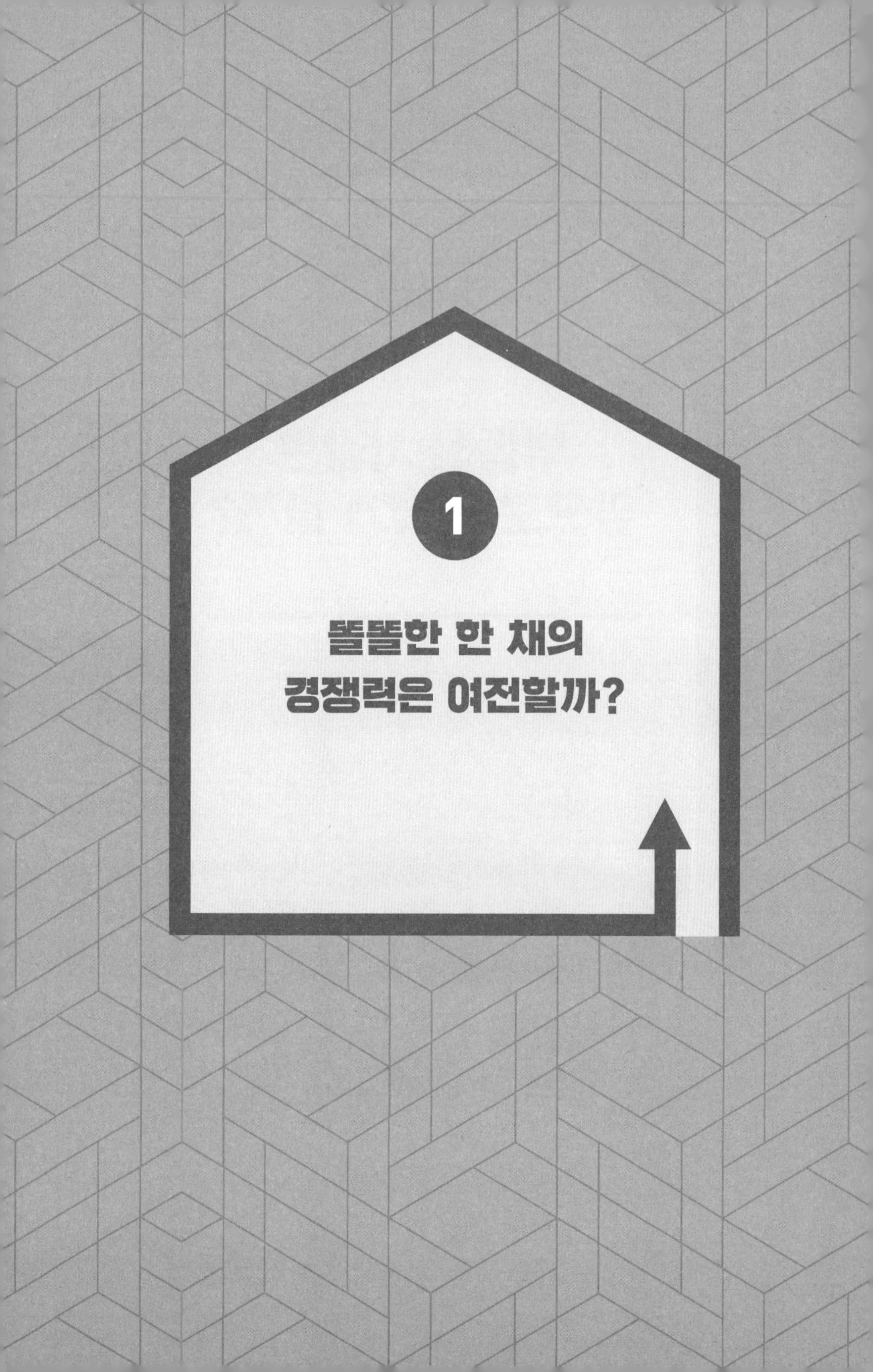

1

똘똘한 한 채의 경쟁력은 여전할까?

상급지와 그 외 지역의 가격 차가 커지다

똘똘한 한 채의 경쟁력은 여전할까? 똘똘한 한 채는 이왕이면 다홍치마다. 주식으로 따지면 삼성전자와 같이 하락하더라도 회복 가능하다고 느끼는 주택을 똘똘한 한 채라고 한다. 그런데 문재인 정부 시절 2주택 이상 가진 사람들을 적폐시하면서 수익의 확신을 더 크게 주는 한 채를 뜻하는 말로 인식되었다. 집을 한 채만 가질 수 있다면 이왕이면 가장 가치 있는 똘똘한 한 채를 사려는 것이다.

결론부터 말하면 똘똘한 한 채는 언제나 유효하다. 그런데 많은 사람의 인식에, 똘똘한 한 채는 강남권에 있는 아파트를 지칭하기도 한다. 그러나 넓은 의미에서 똘똘한 한 채는 꼭 강남권만의 전유물은 아니다.

2023년 1월 3일 정부가 부동산 규제를 완화하면서 다른 많은 전문가가 "이렇게 되면 강남의 아파트 가격은 더 오를 것이다"라는 예측을 했다. 왜냐하면 똘똘한 한 채를 위해서 수도권의 다른 아파트들, 또는 지방의 아파트들을 팔고 강남권의 아파트를 선호하는 성향이 더 극대화될 것이라고 봤기 때문이다.

나도 그 말에는 일정 부분 동의한다. 실제로 서울과 수도권 등 아파트 매매 가격이 하락세에 접어든 가운데 부동산 상급지와 지역 평균 아파트가 가격 차가 더 벌어진 것으로 조사됐다. 대출 규제가 풀려서도 보유세나 양도세 문제로 지역 내에서도 시장의 양극화가 뚜렷해지고 있어서 똘똘한 한 채의 수요자들이 관심이 여전히 높은 것으로 나타났다.

실제로 지역별로 주요 지역과 일반 지역 아파트의 가격 차이를 보면, 2020년 1분기 서울 강남구의 아파트와 강남을 제외한 다른 서울 지역 아파트의 가격 차이는 3.3㎡당 2,879만 원이었는데, 2021년 1분기의 3,006만 원으로 차이가 더 벌어졌다. 인천도 마찬가지다. 송도가 있는 연수구와 다른 인천 아파트의 평균 차이는 202만 원에서 505만 원으로 2.5배 상승했다.

이와 같은 현상은 지방 대도시도 마찬가지다. 대전의 경우 부

상급지와 지역 평균 가격 차이

(단위: 만 원, 3.3㎡당)

지역		2020년 1분기	차이	2022년 1분기	차이
서울	평균	3,268	2,879	4,321	3,006
	강남구	6,147		7,327	
인천	평균	1,059	202	1,626	505
	연수구	1,261		2,131	
대전	평균	1,037	82	1,460	137
	서구	1,119		1,597	
부산	평균	1,122	300	1,683	764
	해운대구	1,422		2,447	
대구	평균	1,076	404	1,321	575
	수성구	1,480		1,896	
광주	평균	823	411	918	458
	남구	1,234		1,376	
울산	평균	867	150	1,078	200
	남구	1,017		1,278	

자료: 부동산R114

촌이 몰려 있는 서구와 대전 평균 아파트 가격의 차이는 2020년에 82만 원에서 2021년에는 137만 원으로 벌어졌다. 대구 역시 수성구와 수성구를 제외한 다른 대구 지역의 평균값은 404만 원에서 575만 원으로 갭이 더 크게 벌어진 것을 확인할 수 있다.

어떤 지역이든 지역 내의 최상급지에는 누구나 입성을 원하는 만큼, 최상급지는 부동산 투자의 최종 종착지라고 할 수 있겠다. 여기에 세금 부담이 커지고 있기 때문에 최상급지에 똘똘한 한 채로 몰리는 현상이 시간이 지나도 계속 유지될 것이라고 본다.

다만 똘똘한 한 채는 꼭 서울 강남권에만 국한된 것이 아니라는 것을 명심해야 한다. 지역별로 반드시 똘똘한 한 채는 존재하기 때문에, 어디에 삶의 터전을 잡았느냐에 따라 똘똘한 한 채의 위치는 달라질 수 있다.

똘똘한 한 채가 만든 거품

사람들은 똘똘한 한 채에 도전을 계속하고 있다. 2022년에는 서울의 주택 매매 거래량이 급감했는데, 외지인들이 서울의 주택을 매입한 비중은 오히려 역대 최고치를 기록했다. 2021년 부동산 가격이 최고가를 찍었을 때 주택 매매 거래량을 분석해봤더니, 2021년 서울 주택 매매 거래량 12만 6,834건 중에 서울에 거주하지 않는 외지인들이 매입한 거래량은 3만 4,373건으로, 27.1%에 달하는 막대한 양이었다.

그런데 정말 독특한 상황은 서울에서 외지인 주택 매입 비중이 가장 높은 곳은 강남구가 아니라 강서구라는 것이다. 2021년 강서구 주택 매매 거래량은 9,583건이었는데 그중에 3,214건을 타 지역 거주자가 매입해서 강서구의 외지인 매입 비중은 33.5%를 기록했다. 그리고 도봉구의 32.8%, 양천구의 32.4%, 구로구의 32.1%가 외지인이 매입한 비중이었다.

이처럼 강남 3구를 뺀 나머지 지역의 외지인 매입 비중이 늘어난 것으로 나타났다. 이것은 수도권보다는 그래도 서울이 똘똘한 한 채가 될 수 있다는 인식이 있고, 그 똘똘한 한 채에는 꼭 강남구가 아니어도 서울 전 지역이 포함될 수 있다는 지방 사람들의 심리의 표현이라고 본다. 서울 사람들이 볼 때는 강남구가 똘똘한 한 채가 될 수 있지만 지방이나 수도권에서 보면 서울 전체가 똘똘한 한 채라고 인식되기 때문이다.

그런데 똘똘한 한 채의 문제점은 똘똘한 한 채가 있다고 하는 그 지역에 아파트 가격의 거품을 만들 수 있다는 것이다. 실제로 서울 강남구 도곡동에 있는 한 아파트는 84㎡가 2022년 8월에 31억 5천만 원에 거래됐다. 2013년에는 10억 1200만 원에 거래되었으니 9년여 만에 20억 원 정도의 차이가 난다. 1년에 평균 약 2억 원씩 집값이 상승한 것이다.

집값이 초급등하기 시작한 2019년 8월에는 같은 평형이 21억 6천만 원에 거래됐는데, 3년 사이에 10억 원 가까이 급등했다. 그

서울 한강 이북, 한강 이남 중형 아파트 평균매매가격

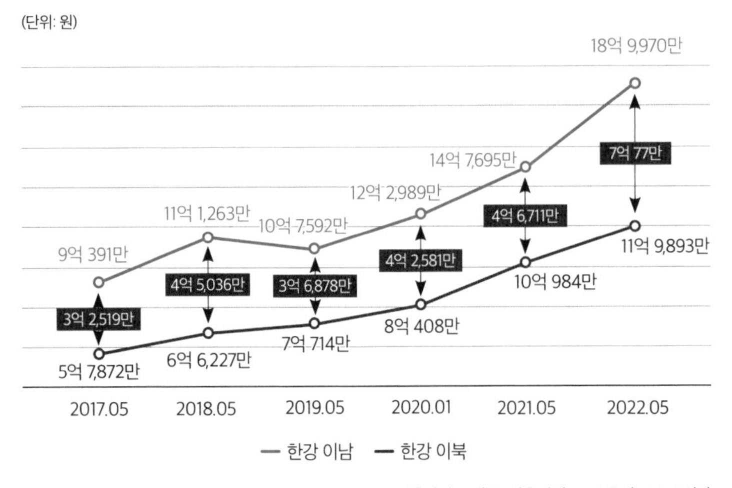

• 중형 아파트 기준: 전용면적 85㎡ 초과 102㎡ 이하

자료 : KB부동산 리브온

리고 서초구 잠원동에 있는 R아파트는 84㎡가 2014년 7억 초반에 거래가 되었는데, 2021년 8월에 21억 5천만 원에 거래가 되었다. 따져보면 8년 사이 시세가 3배나 오른 것이다.

강남권에는 2배, 3배, 심지어 4배까지 오른 아파트들도 있다. 많은 사람이 잘못된 판단을 하는 것은 강남의 똘똘한 한 채는 하락하지 않을 것이라는 착각에서 비롯된다. 꼭 최상급지가 아니라 상급지에서도 이런 현상은 두드러졌는데 강남 3구 외에 강세 지역인 마·용·성(마포구, 용산구, 성동구)에서도 비슷한 현상이 나타났다.

하락기에 똘똘한 한 채는 더 크게 하락한다

그런데 우리가 간과해서는 안 될 것이 있다. 이런 똘똘한 한 채의 심리적 바람이 부동산 거품의 원인이 될 수 있고, 그 거품에 올라탄 사람들은 힘겨운 인생을 살 수도 있다는 것이다.

실제로 강남구 대치동에 은마아파트를 27억 원에 영끌로 샀는데, 결국 아파트 가격이 하락하면서 금리를 견디지 못하고 경매로 넘어간 사례가 있다. 이 은마아파트의 영끌은 자기 자본 3억에 24억을 대출받아서 27억을 주고 샀던 것이었다. 그런데 금리가 급격히 오르자 금리 감당이 안 되어 결국 경매로 나오게 된 것이다. '똘똘한 한 채는 계속 가격이 상승할 것이다'라는 믿음에서 시작된 이 영끌은 결국 본인에게 큰 고통을 안겨주는 꼴이 됐다.

부동산 대세 하락기에는 강남에서도 40~50% 급락한 아파트들이 거래되고 그 기간이 5년 이상 지속됐었다. 이처럼 똘똘한 한 채는 부동산 하락기에 더 크게 하락한다. 부동산 버블이 꺼질 때 다른 지역보다 훨씬 그 충격이 크고, 어쩌면 회복하지 못하는 수준까지도 갈 수 있다.

강남구 개포동 주공 6단지의 경우 21년에 83㎡가 28억 5천만 원에 거래됐는데, 딱 1년 만에 22년 12월에 19억 원에 거래되어 1년 만에 9억 5천만 원이 하락했다. 이렇게 하락하는 단지는 강남권에서도 수두룩하게 나오고 있다.

27억 하던 은마아파트가 20억 원에 거래되고, 잠실 주공 5단지의 경우는 34평이 2021년에는 28억 7천만 원에 거래됐는데, 이것 역시 딱 1년 만에 19억 9천만 원에 거래가 됐다. 10억 정도가 순식간에 사라진 것이다. 만약에 이런 주택을 거품이 잔뜩 끼어 있는 2021년에 샀다면 10억이라는 기회 비용을 쓴 셈이 된다.

아무리 지역별로 똘똘한 한 채라고 하더라도 절대 하락하지 않는다고 믿어서는 안 된다. 똘똘한 한 채는 이왕이면 다홍치마다. 앞서 언급한 것처럼 주식으로 따지면 삼성전자와 같이 하락하더라도 회복이 좀 더 빠르게 가능하다고 느끼는 주택을 말한다. 그렇기 때문에 자산가들 입장에서는 똘똘한 한 채에 대한 선호도는 역시 높을 것이고, 그 똘똘한 한 채가 주는 여러 가지 심리적 안정이 있다. 그래서 똘똘한 한 채를 보유하고 있다는 자부심이 부동산 시장에 실제로 존재한다.

실제로 내 지인은 누군가가 "어디 사세요?"라고 물어올 때 "청담동 살아요"라고 말하면 왠지 모르게 자신감이 올라가면서 주변에서 존재감을 좀 더 인정해준다고 느낀단다. 그래서 똘똘한 한 채는 가격의 문제가 아니라 심리의 문제다.

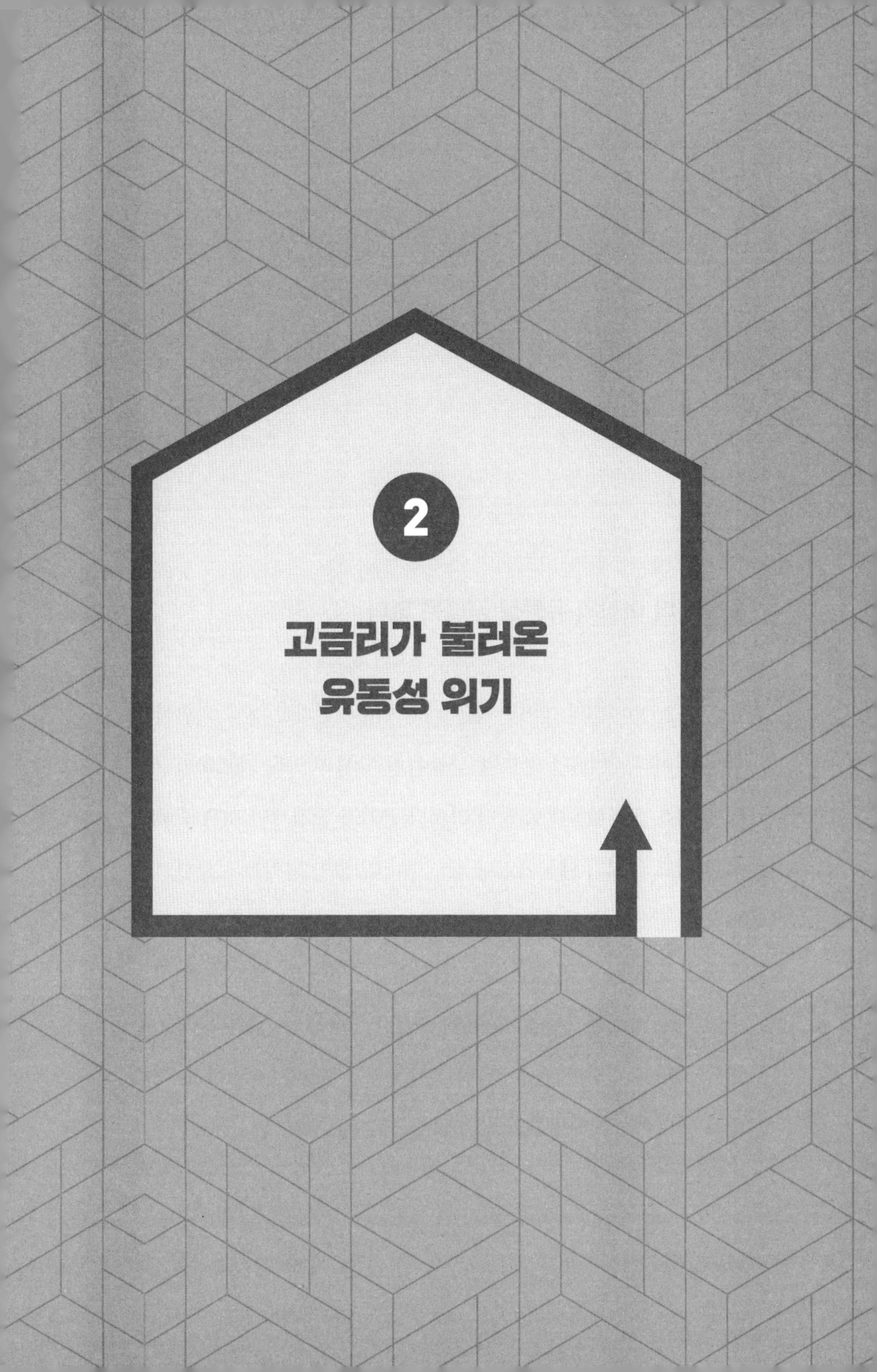

2

고금리가 불러온 유동성 위기

더 이상의 유동성 공급은 없다

2000년대의 물가안정은 중국 덕분이었다고 해도 과언이 아닐 것이다. 2008년 글로벌 금융위기 당시 미국이 과도하리만치 통화를 공급했음에도 달러 가치와 물가가 안정됐던 것은 중국이 받치고 있었기 때문이었다. 중국이 끊임없이 달러를 사들였고 제품을 생산하는 세계의 공장 역할을 했기 때문에 안정된 물가 수준을 유지할 수 있었다. 또한 저금리를 기반으로 해서 돈이 시중에 마구 풀리는 유동성 잔치도 장기간 지속될 수 있었다. 그동안 웅크리고 기회를 보던 중국은 어느 정도 성장한 이후 세계 패권을 거머쥐려는 야망을 노골적으로 드러내고 있다.

그런데 지금은 위기가 왔다고 해서 코로나 팬데믹 때처럼 미국이 헬리콥터 머니를 뿌려댈 수 있는 분위기가 아니다. 그렇게 또 돈을 뿌려대면 기축통화국으로서의 지위를 잃을 가능성이 커지기 때문이다. 고물가, 고금리, 고환율의 3고 현상이 채 풀리기도 전에 세계 경제가 경기침체와 저성장의 늪에 빠질 수 있다는 경고가 경제학자들 사이에서 여러 차례 나왔다.

코로나 이후 2023년 2월 기준, 한국은행 기준금리는 3.5%로 미국과는 1.25% 정도 차이가 난다. 2021년 8월 미 연준의 금리 인상을 기점으로 갑작스러운 고금리 시대가 시작되었다. 그동안 저금리의 달콤함에 빠져 있던 자금 시장은 크게 흔들렸고 강원도의 레고랜드 사태는 직격탄이 되어 부동산 시장에 날아들었다.

부동산 PF 부실 문제 등으로 단기자금 시장 유동성 문제가 불거지면서 회사채 등 채권 금리가 급등하고 곳곳에서 돈줄이 말라가기 시작하면서 설마 하는 우려는 현실이 되었다.

기준금리가 오르는 가운데 정부가 은행채 발행의 자제를 권고하자 시중은행들은 수신금리를 올려 자금을 끌어모으기 시작했다. 부동산 PF 대출로 건전성에 경고등이 들어온 저축은행 역시 앞다투어 경쟁적으로 수신금리를 올리기 시작했고, 수신금리가 오르자 결국 이는 대출금리 인상으로 이어졌다.

금리 급등 초기에는 수신금리가 대출금리를 역전하게 되면서 저축은행들은 급기야 수익성 악화를 이유로 신규 대출을 속속 중단했다. 높아진 금리를 부동산 개발사들이 감당하지 못하게 될 경우 발생할 수 있는 위험을 회피하기 위한 자구책이었다.

금리 급등 여파로 카드사와 캐피탈사도 발등에 불이 떨어진 상황이 발생했고, 수신 기능이 없어서 여신전문금융채를 통해 자금을 조달해야 하는데 금리가 나날이 높아지면서 돈줄이 막혔다.(여신전문금융채란 여신전문금융사가 발행하는 채권인데, 제2금융사로 시중은행이 아닌 대출을 전문으로 하는 금융사를 말한다.)

2022년 불던 자금시장의 한파가 2023년 들어 조금씩 안정을 찾아가고는 있지만 부동산 PF 문제가 여전히 심각한 데다 고금리도 쉽게 꺾이기 어려운 상황인 만큼 유동성 위기는 당분간 우리 경제를 계속 위축되게 만들 것이라고 본다.

거침없이 추락하는 건설경기

2023년은 3고(고금리, 고물가, 고환율) 압박이 불러온 부동산 가격 하락으로 인한 부동산 소비심리 위축과 경기침체 파장을 본격적으로 마주하는 한 해가 될 것으로 전망된다. 이것이 2024년 말까지는 이어질 거라고 본다. 건설업계가 이런 상황에

연도별 건설수주액 추이

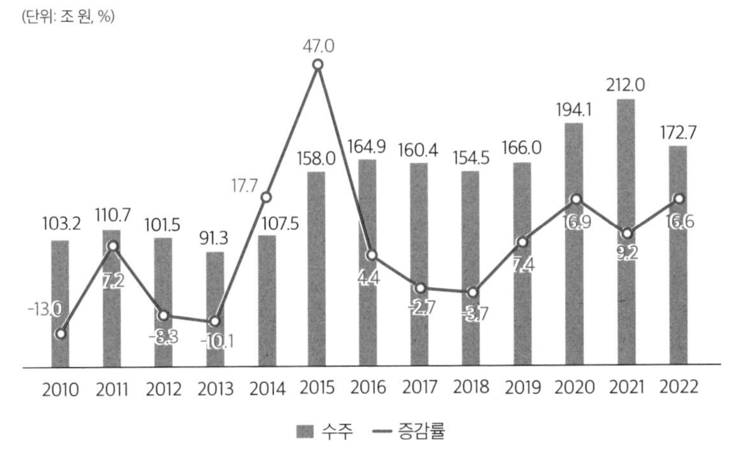

자료: 대한건설협회

맞닥뜨렸기에 부동산 불확실성의 시대에 돌입했다고 본다.

정부는 2023년 올해 사회간접자본(SOC) 예산도 총 25조 원으로 확정해 2022년 28조 원보다 10.7%를 삭감했다. 정부가 재정 운용 기조를 '확장'에서 '건전'으로 바꾼 것이다. 건설정책연구원에 따르면, 건설 수주와 함께 선행지표로 평가되는 건축허가면적은 2022년 9월까지 11% 증가한 반면, 건축 착공 면적은 10.4% 감소한 것으로 나타났다. 특히 주거용 시장은 더 많이 축소했다. 주거용 건축허가는 16.8% 증가했는데 건축착공은 오히려 17.1% 줄어들었다.

인건비, 자재비, 경비 등을 종합한 건설공사비지수는 2021년 14.0%, 2022년 9월까지 7.0% 올랐는데, 이것이 건축 착공이 줄어든 원인으로 분석된다. 이러한 현상은 2023년에도 지속될 가능성이 높아 전반적인 건설경기 악화 요인으로 작용할 것이다.

한국 건설사들의 심각한 신용 상태, 불안을 더하다

한국신용평가·한국기업평가·나이스신용평가 등 신용평가사는 2023년 초 일부 건설사의 신용등급 전망을 '안정적'에서 '부정적'으로 내렸다. 신용등급 전망이 부정적이라는 건 향후 신용등급이 하향 조정될 가능성이 높다는 것을 의미한다. 신용등급이 하락할 경우 차후 사업을 진행할 때 자금 조달에 영향을 미친다.

그동안 많은 중소형 건설사가 책임준공 방식으로 부동산 개발사업에 안정감을 줬다. 책임준공 방식이란 집을 짓다가 돈이 부족해서 그만두는 일을 막는다는 뜻이다. 중소 건설사의 신용보강만으로는 아무래도 미덥지 못한 부분이 있어, 여기에 부동산 신탁사들이 계약을 추가로 덧씌워 또 한 번의 신용보강을 제공하는 게 일반적이었다. 이것은 시공사가 기한 내 준공을 못하더라도 신탁사가 이를 대신 책임지고 준공을 약속한다는 얘기다.

그런데 이것이 불안해졌다. 대주단은 금융사인 신탁사의 규모나 자금 여력, 개발사업에 대한 전문성을 높이 평가해 선뜻 자금을 빌려줬고, 그것을 지렛대 삼아 사업은 원활히 진행될 수 있었다. 하지만 만약 신탁사마저 책임준공 기한을 넘겨 준공하지 못하게 되면 더 이상의 방패막이 없는 것이다.

한국은행은 금융안정보고서를 통해 "최근 부동산 경기 둔화 흐름이 우발적 신용 사건과 맞물리면서 PF유동화증권 신규발행 및 차환이 급격히 위축됐고 PF유동화증권에 대한 매입보증을 제공한 증권사와 건설사의 유동성 리스크가 크게 높아졌다"라고 진단했다.

레고랜드 사태로 얼어붙었던 시장 냉기가 조금씩 가시고 있다지만 부동산 유동화증권 상당수가 2023년 상반기 이전 만기가 도래할 예정이어서, 향후 대내외 충격이 발생한다면 유동성 리스크가 다시 부각할 수 있다는 우려가 커지고 있다. 향후 부동산경기 부진이 더 심화한다면 금융기관 전반의 자본비율이 하락하고, 규제기준을 하회하는 금융기관이 속출할 전망이므로, 건설에서 금융으로 불똥이 튈 수 있다. 이런 시기이기 때문에 관련 전문가들이 계속 경고하고 있는 것이다.

2022년 3분기 기준으로 채무보증이 가장 많은 기업은 현대건설로, 26조 원에 달했다. 그도 그럴 것이, 대한민국 어느 지역에서든 크레인이 올라간 곳을 가 보면 '힐스테이'라는 브랜드라 가장 많이 보인다(물론 힐스테이는 현대건설에서만 쓰는 브랜드는 아니고 현대엠코에서도 쓴다).

대우건설(21조 원)과 현대엔지니어링(19조 원), 롯데건설(18조 원), KCC건설(13조 원), 태영건설(12조 원), 호반건설(12조 원)과 한화건설(11조 원), DL이앤씨(10조 원), SK에코플랜트(10조 원) 등도 채무보증이 10조 원을 넘었다. 건설사들의 유동성 악화가 2023년 본격화되어 2023년 상반기는 최대 고비가 될 것이다.

집값이 사이클대로 움직여줄까?

1998년 아파트가격지수(KB)가 13.7%가 하락한 뒤 이듬해 8.5% 상승으로 V자 반등을 보였다. 아파트 실거래가격지수로 세계 금융위기 때를 돌이켜보면 2007년 4.5% 상승했으나 이듬해 4.0% 하락한 뒤 1년 만에 9.4% 상승으로 연착륙에 어느 정도 성공한 것으로 나타났다.

지금 정부가 원하는 것은 완전한 연착륙이지만 이는 어려워 보인다. 코로나19로 인한 경기침체와 과잉유동성 문제가 해결되지 않은 상태에서 급하게 고금리 기조를 유지해야 하기 때문에 과거

경제 상황별 아파트 가격 변화

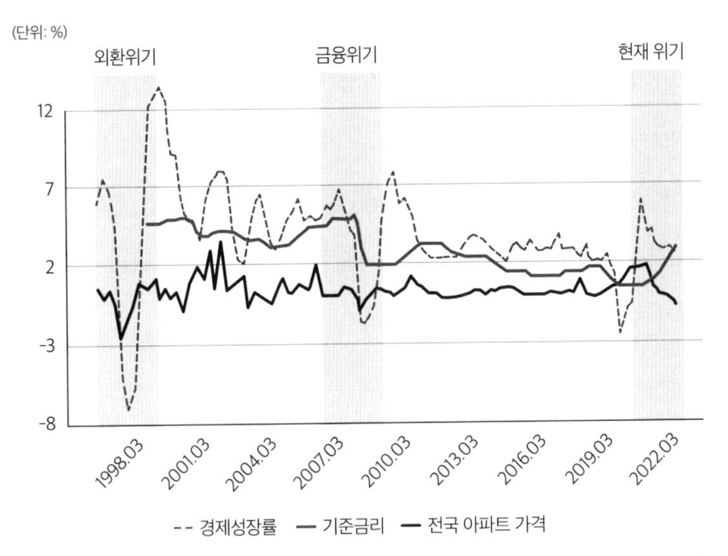

자료: 주택산업연구원

위기 상황과 같은 빠른 V자 회복은 희망일 뿐 L자형으로 갈 것이라고 본다. 순환주기를 근거로 주택 가격은 올해 상반기 중 하락의 저점을 형성하고, 이후 하락세가 둔화하면서 하반기 중에는 약보합을 유지할 것이라는 전망도 있는데, 이처럼 L자의 하단이 길 것이다.

2024년 하반기 중 가격이 반등하며 회복될 가능성을 이야기하는 사람들도 있다. 그러나 나는 그렇게 보지는 않는다. 그 이유는 아주 간단하다. 지난 2019~2021년 사이에 주택 가격이 단군 이래 가장 큰 폭으로 올랐다. 그런데 그 원인을 생각해보라. 성장을 통해 소득 수준이 높아졌고, 그에 비해 상대적으로 주택 가격이 낮아서 급등한 것이라면 V자 반등도 기대해볼 수 있겠지만 그런 것이 아니었다. 시중에 저금리로 마구 풀린 돈의 힘으로 끌어올려진 상황이다. 그러므로 고금리가 유지되는 기간에는 V자 반등은 어렵다고 본다. 어쩌면 주택 가격이 오른 것이 아니라 돈의 가치가 하락한 것이라고 보는 것이 더 정확할 것이다.

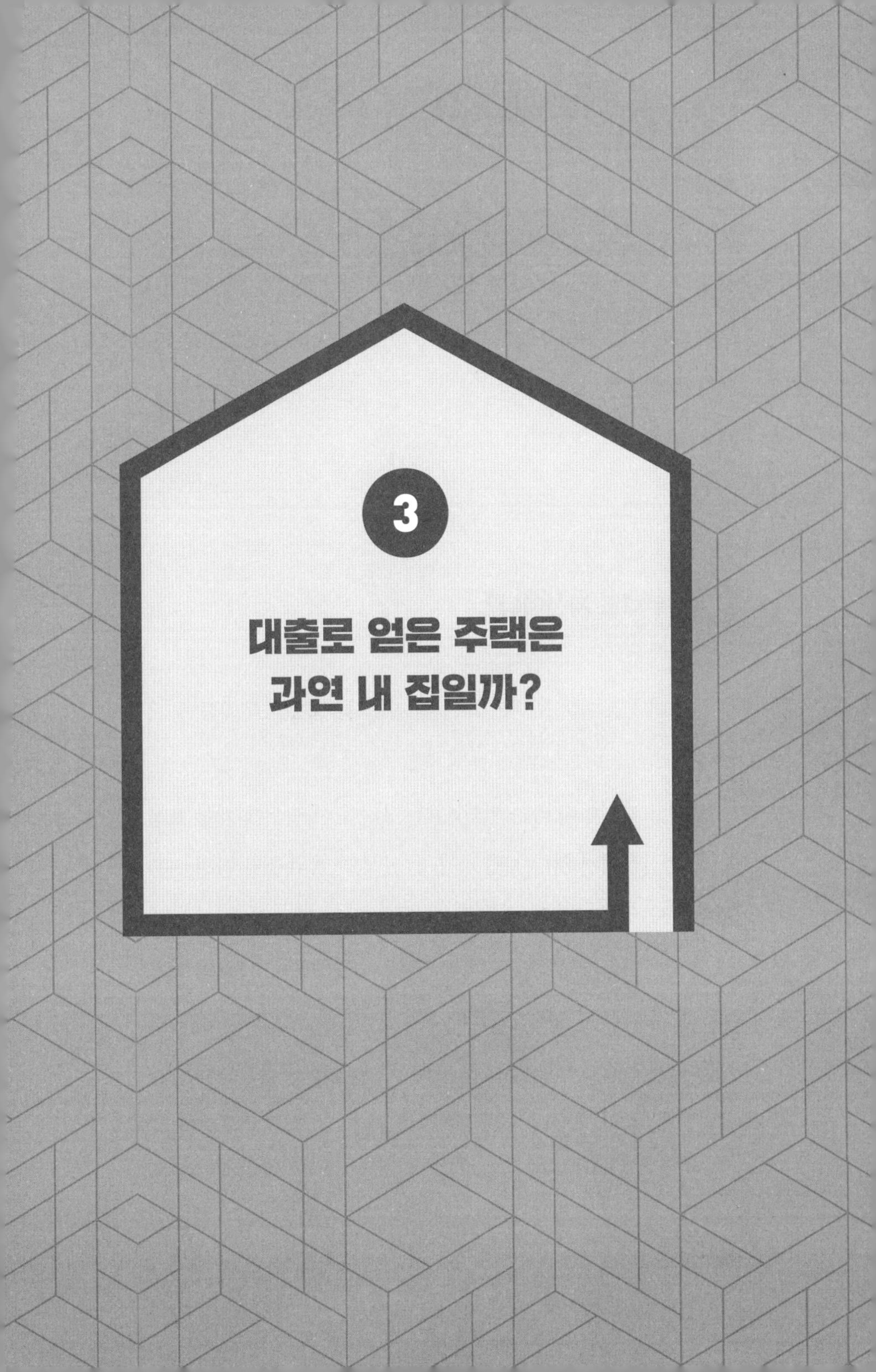

3

대출로 얻은 주택은 과연 내 집일까?

부채도 자산이다?

대출로 얻은 주택은 과연 내 집일까? 대출은 동지일까, 적일까?

"부채도 자산이다"라는 말이 있다. 그러나 이 말은 회계상 표현일 뿐 현실적이지 않다. 대출로 집을 샀어도 그 대출로 인해 집을 잃을 수도 있기 때문이다. 예를 들어 2% 이자로 대출로 샀을 때는 내 집이지만 6% 이자로 대출로 집을 샀을 때는 그 6%의 이자로 인해서 집을 잃을 수도 있다.

물가가 오르는 상황에서 소득은 오르지 않아서 실질소득은 줄어드는데, 금리는 올라서 이자를 갚느라고 동지였던 대출이 갑자기 적으로 돌아설 수 있기 때문이다. (화폐액으로 표시된 액면 그대로의 소득인 '명목소득'을 물가상승률을 감안해서 재조정한 것이 '실질소득'이다.)

겉으로 보기엔 평온해 보일지 몰라도 지금 대한민국 국민은 빚에 신음하고 있다. 가계부채 1,900조 시대. 가계가 진 빚이 국내총생산 GDP 대비 세계 1위인 나라, 대한민국.

2021년 8월부터 기준금리가 오르고 덩달아 시장금리가 치솟자 가계의 부채 상황이 한계에 다다르고 있다. 저금리 시대에 풍부한 유동성으로 인해서 유동성 환각 파티는 주식과 부동산에 집중되었는데, 주식도 하락하고 부동산도 하락하면서 가계 빚은 오히려 감당하지 못할 수준까지 차고 올랐다.

빚 부담에 취약한 2030세대, 빚 폭탄을 끌어안고 있는 4050세대, 그리고 은퇴와 함께 파산 절벽으로 내몰리는 6070세대의 부채 상황이 심각한 것이 지금 대한민국의 현실이다. 여기에 경기 위축과 경제 불안까지 가중되면 이 빚은 폭탄으로 돌아설 수도 있다.

한국사회보장정보원에 따르면 기초생활수급자로 선정돼 정부의 지원을 받는 2030세대 젊은 층이 최근 5년 사이에 두 배 가까이 증가한 것으로 나타났다. 나도 구체적인 숫자를 보고 깜짝 놀랐다. 2022년 7월 기준 2030세대의 기초생활수급자 수는 24만

5,711명이다. 기초생활수급자는 소득 인정액이 중위소득 30에서 50% 이하로, 최저 생계비에 미치지 못할 경우 기초생활수급자로 선정될 수 있다.

대출이 부메랑이 될 때

2030세대의 빚 부담이 점차 늘어나고 있는데, 2030세대의 부채가 늘어난 기폭제는 정말 아이러니하게도 주식 시장이 활황을 맞으면서부터였다.

코로나 팬데믹을 거치며 주요국의 통화 정책의 완화, 그리고 재정 정책으로 인해서 시장에 유동성이 넘쳐나면서 2021년 6월 코스피 지수는 역사상 처음으로 3,300선까지 뚫었다. 2030세대의 신규 증권 계좌는 기하급수적으로 늘어서 2030세대 모두가 주식에 투자한다는 우스갯소리도 있었다. 또 코인 시장에서도 2030세대는 지나친 활약을 보여줬다.

좋은 대학을 나와도 취업이 어렵고, 열심히 노력하면 잘살 수 있다는 자신감을 얻지 못하는 사회적 분위기에 2030은 삶의 방향을 잃고 주식과 코인 그리고 부동산에서 희망을 찾았다. 특히 2030은 부동산 영끌로 부동산 시장을 두드리며 아파트 가격의 최고가를 경신하는 데 앞장섰다. 그런데 문제는 부동산 시장이 급격히 위축되고 대출금리가 치고 올라오면서 빚의 늪에 빠지게 됐다는 것이다.

특히 2030세대가 주로 이용하는 전세대출은 만기가 짧기 때문에 대부분 변동 금리를 선택한다. 변동 금리를 선택하기 때문에 금리 상승 충격을 그대로 다 받게 된다. 2022년 6월 말 기준 금융감독원의 자료를 보면 국내 은행에서 전세대출을 받은 차주 137만 6,802명 가운데 2030 차주는 84만 8,027명이었다. 전체적으로 61.6%에 달할 만큼 2030세대가 대출을 많이 받은 것이다.

2023년 2월 한국부동산원의 통계를 보면 2022년 전국 아파트 매매 거래량 29만 8,581건 중에 2030세대가 8만 4,835건으로 전체의 28.4%의 아파트를 매수했다. 부동산 가격, 특히 아파트 가격이 급등할 때 신용대출과 담보대출을 이용해서 집을 샀던 젊은 영끌들은 이제 고금리를 감당하는 것 자체가 어려워졌다.

그런데 이자 감당이 어려워진 것은 비단 2030세대만의 고민은 아니다. 40대 가장과 은퇴를 앞둔 50대 가장, 그리고 이미 은퇴를 한 60대 가장, 이 사람들은 최고가의 아파트를 대출로 샀기 때문에 막대한 금융 이자를 감당하느라 실질적으로 삶의 질이 많이 저하되고 있다.

다시 올 활황기를 위해 금융 체력을 키우자

대출로 얻은 주택 과연 내 집일까? 금리가 연 2%일 때 샀던 집은 내 집일 수 있으나 연 6%, 연 7%의 이자로 집을 샀다면 내 집이라고 할 수는 없다. "화장실만 내 집이야", "현관만 내 집이야"라는 자조 섞인 이야기가 그냥 유머가 아니라 현실인 것이다. 세상에 태어나서 행복하고 아름답게 살려고 하는 의지는 강한데 이렇게 주거 문제로 인해서 평생 빚 갚다 가는 게 인생인가 싶다.

《탈무드》에서는 "부의 축적은 신의 축복이다"라고 말하면서, 돈이 목적이 아닌 수단이 돼야 한다고 가르친다. 대출로 얻은 주택, 그 집으로 인해서 당신이 고통스럽다면 그것은 집이 아니라 짐인 것이다. 사람들은 과도한 대출로 집을 샀더라도 결국 대출 이자를 갚는 금액보다 주택의 가격이 상승하면 훌륭한 투자라고 생각한다. 그러나 이것은 과도한 빚에 대출 이자를 갚느라 걸리는 시간의 고통은 생각하지 않고 하는 말일 수 있다.

저금리 시대의 부동산 호황기는 일단 저물었다고 본다. 그러나 부동산의 활황기는 또 찾아올 수 있다. 부동산 활황기에 성공한 투자를 하려면 지금부터 각자가 금융 체력을 키우는 것이 답일 것이다. 대출로 얻은 그 주택을 얻기 위해 받은 대출은 과연 목적이었을까, 아니면 수단이었을까? 한번 진지하게 생각해볼 문제다.

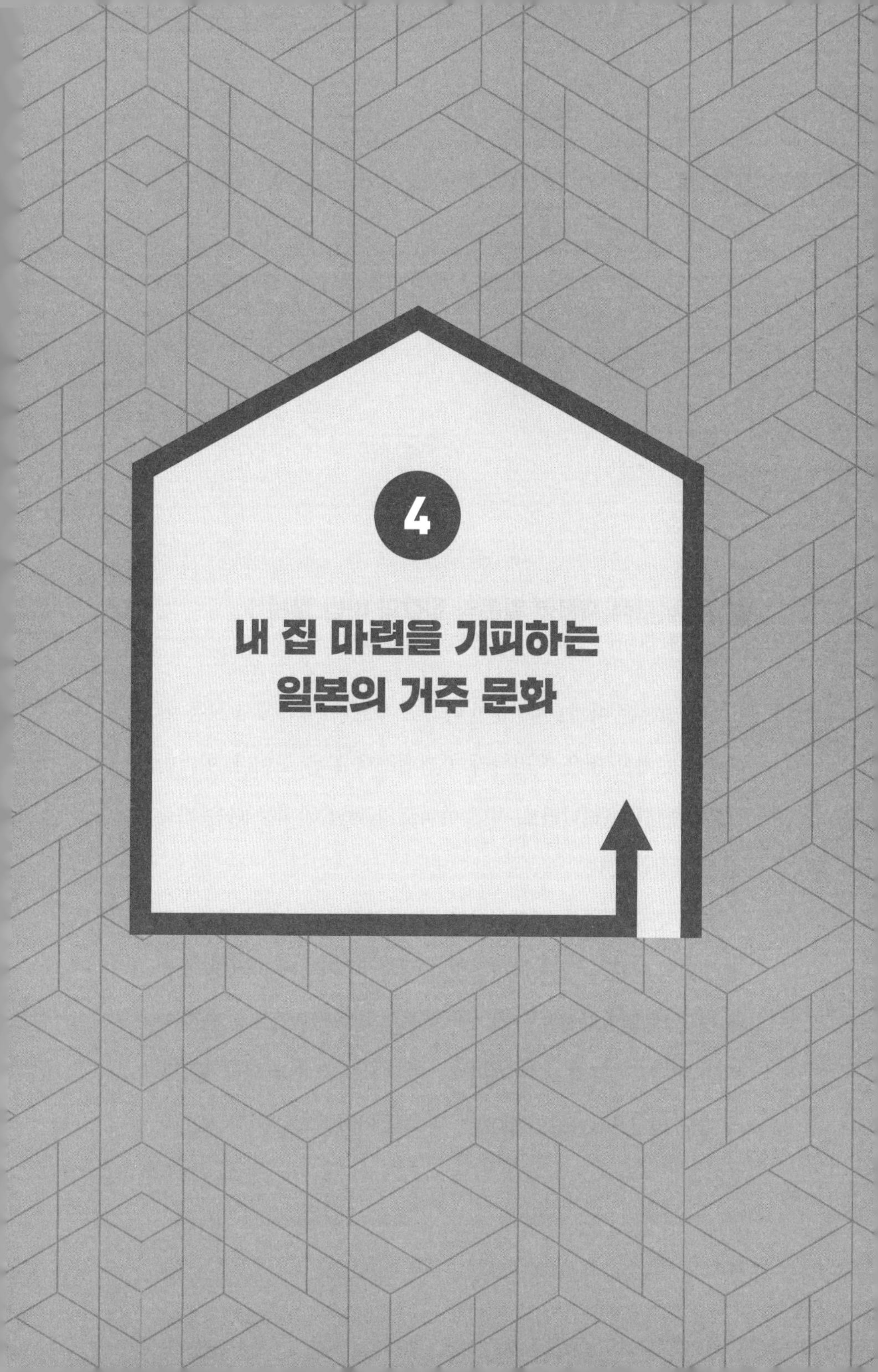

4

내 집 마련을 기피하는 일본의 거주 문화

비교적 저렴한 일본의 집값과 비싼 월세

일본은 아파트를 '맨션'이라고 부르며, 일본에서 보통 아파트라고 하는 것은 우리나라의 연립주택 같은 곳이다. 이러한 일본의 맨션, 우리나라로 치면 아파트의 평균 가격은 다음 자료를 통해 살펴보자.

'도쿄 간테이'라는 일본의 부동산 감정평가회사가 2022년 말에 도쿄의 아파트 평균 가격을 발표했다. 이 자료에 따르면, 도쿄의 평균 아파트 가격은 6,399만 엔이다. 환율을 960으로 봤을 때 우리나라 돈으로 약 6억 1천만 원 정도다. 또한 도쿄 외곽 수도권의 평균 집값은 4,807만 엔으로, 한화로 약 4억 6천만 원 정도다.

그렇기 때문에 '우리나라가 일본보다 부동산 가격이 훨씬 비싸다'고 보는 게 맞다.

이처럼 일본이 우리나라보다 주택 가격은 싼 편이고 단독주택의 경우에는 더 싸다. 단독주택은 도쿄의 평균 가격이 5,332만 엔, 한화로 5억 원 정도다. 일본 수도권의 단독주택 평균 가격은 4,381만 엔, 4억 1천만 원 정도다. 우리나라 집값의 30% 정도 싸다고 봐야 한다.

6억 원 정도면 도쿄 시내에서 21평 안팎으로 아파트, 그러니까 맨션을 살 수 있다. 물론 도쿄 중심지에는 초고가의 아파트들도 있다. 그러나 시내 중심부에 20평 안팎의 아파트를 사려면 강남의 경우는 20억, 강북의 경우는 최소 7~8억 원 정도가 있어야 하는 우리나라와 비교한다면 대체적으로 저렴하다고 볼 수 있다.

또한 일본은 집값은 싼 편이지만 월세는 비싼 편에 속한다. 10평 정도 원룸에 살려면 한 달에 10만 엔에서 15만 엔 정도를 월세로 내야 하는데, 이게 우리 돈으로는 90~150만 원 정도다. 방이 2개 이상인 아파트의 경우에는 월세가 보통 20만 엔, 우리 돈으로 200만 원이 넘는다. 우리보다 저렴하지만 그래도 높은 집값과 월세의 영향으로 일본은 우리나라에 비해서 주거의 면적이 좁다. 이른바 토끼 굴에 비유할 정도로 좁고 작은 집에서 많이 산다. NTT 리서치에 따르면 일본 수도권에 거주하는 사람들 대부분이 70㎡ 이하에 살고 있다. 최근 1인가정 및 핵가족화로 더 작아진 우리나라의 국민 평형이 84㎡인데 일본은 그보다 낮은 70㎡가 국민 평형이라고 볼 수 있다. 이처럼 일본의 집은 평수 대비 비싸기 때문에 우리보다는 훨씬 작은 집에 살면서 우리보다 훨씬 높은 월세 부담을 느끼고 있는 셈이다.

일본은 월세 입주 시 일회성이긴 하나 사례금이라는 걸 내야 한다. 사례금은 일본의 독특한 부동산 임대차 문화로서, 임대에 대한 감사의 의미를 담아 보증금 외 별도로 보통 두 달 치의 월세를 사례금으로 준다. 그리고 사례금에는 임대인에게 "집을 깨끗하게 쓰겠습니다"라고 약속하는 뜻도 포함돼 있다.

일본인들은 타인에게 피해를 주는 것을 극도로 싫어하는 문화 때문에, 이처럼 임차인이 임대인에게 사례금을 주는 것이다. 이런 걸 보면 결국 일본도 도심에 집을 가지고 있는 사람이 갑이라 할 수 있다.

그렇다면 일본에서 중개수수료는 얼마를 내야 할까? 보통 월세 한 달 치를 중개수수료로 내는데 여기서 우리나라와 또 하나 다른 문화가 있다. 보통 계약을 2년 단위로 하는데, 만기 때는 이사를 가지 않더라도 갱신료를 내야 하는 집도 있다. 물론 이 갱신료는 집마다 차이가 있기 때문에 누구나 내야 하는 것은 아니다.

이처럼 사례금도 더 내야 하고 갱신료도 더 내야 하는 사회적

통념 때문에 주거비용만으로도 일본 사람들의 지출은 커진다.

일본 사람들이 검소하다고 소문이 났지만, 검소하지 않을 수 없는 환경에 살고 있다. 월세로 수입의 3분의 1까지 지출해야 하고, 혹시 이사라도 한다면 비용이 많이 들기 때문이다. 그러므로 일본 사람들이 검소할 수밖에 없고, 이 검소가 몸에 배어서 일본 사회 전반에 영향을 주는 것이다.

집값이 싸지만 결코 싸지 않다

일본 집값은 우리나라에 비해 저렴하고 월세는 비싸다. 그러면 대출을 받아서 집을 사는 게 더 낫지 않을까?

2023년 일본 시중은행의 35년 장기주택담보대출금리는 제로 금리에 가까운 수준이다. 매매가는 물론이고 등기를 포함한 각종 수수료까지 보장해주는, 믿기 힘든 상품도 있다. 물론 대출 조건이 있어 누구나 무엇을 하든 대출받을 수 있는 건 아니지만, 일본에서는 종잣돈도 없이 주택 매매가 가능한 것이다.

이렇게 일본은 사람들이 주택을 살 가능성을 크게 열어뒀다. 부동산 버블이 무너진 후 부동산 가격 안정화를 위해서 대출금리를 포함한 각종 부동산 규제를 완화한 것이다.

그런데도 일본 사람들은 집을 사지 않는다. 일본 총무성 주택 토지 통계를 보면 수도권의 자가 보유 비율은 44%이다. 이를 다시 말하면 반대로 내 집 없이 임대로 살고 있는 사람의 비율이 56%라는 이야기다.

한국보다 집값은 저렴한 데다 대출금리는 제로금리라 해도 과언이 아니고, 더불어 세제 혜택이라는 덤을 누릴 수 있는 조건이 많다. 일례로 신축 주택 매수 시 5년간 재산세 일부를 감면해주는 혜택도 주어지고 있다. 그런데도 왜 주택을 구입하지 않는지 갸우뚱하게 된다. 저금리 대출과 세제 혜택, 월세 부담까지 내 집 마련이 한결 나은 선택지 같지만, 사실 우리나라보다 훨씬 까다로운 절차와 조건이 기다리고 있다.

왜 일본 사람들은 임대주택을 선호할까?

앞서 일본의 대출금리 부담이 우리보다 작다고 했지만 누구나 쉽게 대출받을 수 있는 것은 아니다. 일본의 초저금리 대출은 연 3.0%짜리 상품이 판을 치지만 고소득과 직장 안정성을 증빙해야 한다. 일본인들이 제로금리 시대를 살고 있지만 어느 누구나 동일하게 제로금리의 혜택을 누리는 게 아니라는 점을 알아두자.

여기에 더해 일본에서는 집을 살 때 대출자가 질병 또는 장해, 사망으로 대출금을 갚을 수 없게 되었을 때를 대비한 위험 회피용 보험인 단체신용생명보험 가입이 필수다. 대부분의 은행 대출 조건이기에 질병 등으로 이 보험에 가입을 할 수 없다면 대출 역시 못 받을 가능성이 크다.

또한 우리나라도 마찬가지지만 일본에서 집을 사면 유지비가 많이 든다. 맨션을 사고 나서도 매달 내야 하는 관리비는 물론 주차장까지 별도로 빌려야 하는 경우가 아주 흔하다. 이렇듯 유지비가 많이 들기 때문에 집을 사려는 수요가 적은 것이다.

그런데 이런 이유만으로는 집을 사지 않는 게 완전히 납득이 되지 않고 임대보다는 집을 사는 게 나아 보일 것이다. 일본 사람들이 집을 사지 않는 데는 또 다른 결정적인 이유가 있다.

구매를 막는 불안 심리

일본 사람들이 집을 사지 않는 또 하나의 이유는 폭락된 주택 가격을 경험한 불안 심리에 있다고 본다. 영원히 우상향할 것 같았던 부동산 신화가 무너지는 것을 직접 경험한 일본인들에게 35년 장기주택담보대출을 받아서 집을 산다는 행위는 현명한 선택이 아니라 위험한 선택이 되어버렸기 때문이다.

일본은 버블 붕괴로 인해서 비정규직이 갈수록 늘어나고 있다. 거기에 성과주의 문화가 스며들며 장기근속이 고소득을 보장하지 않을뿐더러 조기퇴직자도 늘고 있다. 이런 상황에서 선불리 내 집을 마련했다가 집값이 떨어지거나 소득이 갑자기 줄기라도 하면 생활하기가 정말 고통스러워질 게 불 보듯 뻔하다.

만약 집값이 더 하락하게 되면 모든 빚을 떠안게 된다. 저금리의 이자라 하더라도 금액이 크면 감당해야 될 금액이 점점 커지기 때문에 이것도 불안감으로 작용한다. 그냥 임대를 해서 살면 경제 상황에 따라 월세가 더 싼 곳으로 옮길 수 있는 용이함이라도 있으니 집을 사지 않는다. 또한 일본은 인구 문제로 인해 지방소멸이 현실화되고 있다.

일자리가 많은 수도권을 제외한 전국에 빈집이 우후죽순 늘어나고 있다. 빈집은 유지 관리를 포기하고 세금만 내고 있는 셈인데, 이런 빈집을 부수고 싶어도 부수는 데 비용이 더 든다. 그래서 빈집을 상속받는다는 건 아예 꿈도 꾸지 않는다. 도심에 사는 부모에게 얹혀사는 캥거루족이 많고, 독립을 하더라도 주택 매매는커녕 월세가 그나마 저렴한 비도심지의 소형 원룸으로 향한다. 이것이 일본 부동산의 현실이다.

이것은 한국도 마찬가지라고 본다. 한국의 젊은이들이 과연 자신의 능력으로 도심에 집을 마련할 수 있을까? 한국의 집값은 버블의 극치를 달리고 있기 때문에 이것은 점점 더 어려워지고 있다. 한국의 집값 버블을 잡아야 하는 이유는 바로 이것이 젊은 세대들의 도심 주거 안정에 영향을 주기 때문이다.

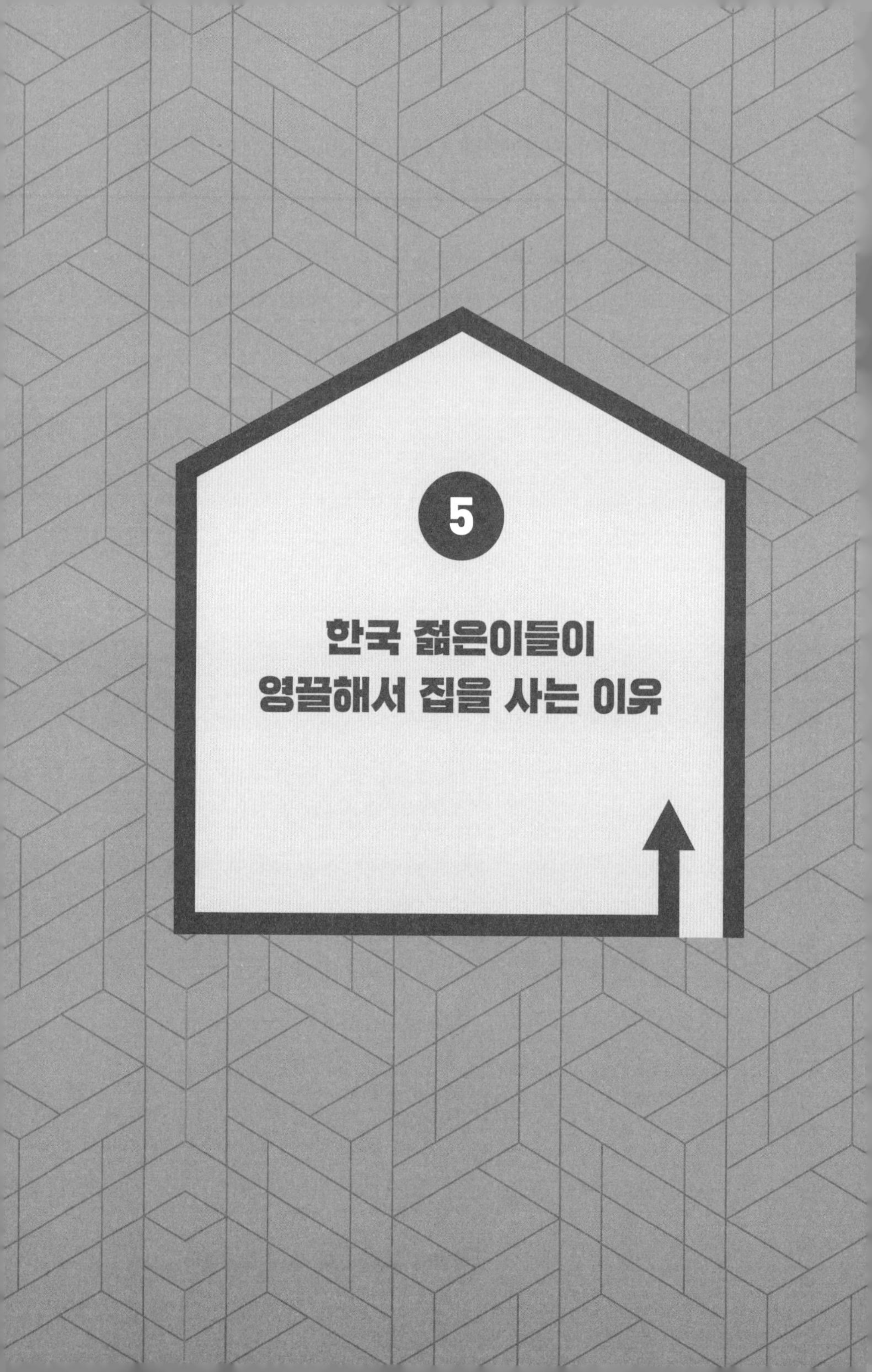

5

한국 젊은이들이 영끌해서 집을 사는 이유

부동산 투자가 가장 안정적이라는 믿음

한국 젊은이들이 영끌해서 집을 사는 이유는 무엇인가? 결론부터 말하면 그것이 안정적인 투자처라고 생각하는 MZ세대가 많기 때문이다. 결혼과 관계없이 살아남는 방법은 부동산밖에 없다고 생각하는 것이다. 특히 집값이 급등한 2019~2021년에는 더 늦으면 내 집 마련이 불가능할 것이라는 공포감으로 2030세대가 영끌에 나서면서 집값 상승을 리드했었다.

우리나라가 현대화를 거쳐오면서 부동산 가격이 급등한 것은 사실이다. 간단하게 비교해보면 1980년에 짜장면 값이 450원이었는데 2022년에는 9천 원 정도다. 한편 강남구 대치동의 은마

아파트는 1978년 분양 당시 평당 68만 원이었는데 지금은 평당 7~8천만 원 정도 하니까 100배가 올랐다. 비슷한 기간에 짜장면은 450원에서 9천 원으로 20배가 올랐지만 집값은 100배가 올랐기 때문에 이런 인식이 팽배하게 자리 잡고 있다.

2021년 주택금융 및 보금자리론 실태조사 결과를 보면 이 같은 MZ세대의 성향이 잘 드러난다. 30대 이하의 향후 주택 구입 의향은 64.8%로 가장 높았고, 40대가 49.7%, 50대는 34.1%였다. 60대 이상은 12.4%이었다. 그리고 무주택자의 경우 67.4%가 "앞으로 주택을 살 의향이 있다"라고 밝혔다.

실제로 최근 2년 내 거주 주택을 구입한 이들 중에 가장 큰 비중을 차지하는 세대가 2030세대로 41.1%였다. 그리고 이어서 40대가 32.5%, 50대가 20.8%, 60대가 5.6%순이었다.

여기에서 우리가 관심 있게 봐야 할 부분은 2030세대의 대출 금액이 큰 폭으로 증가했다는 것이다. 2030세대의 평균 대출 금액은 2020년에 1억 1,765만 원이었는데, 2021년에는 1억 6,720만 원으로 4,955만 원이 늘어났다. 2020년과 2021년에 대출 이용률을 보면 여유 자산이 적은 2030세대가 이 시기에 가능한 범위 내에서 대출 자금을 최대한 이용했다는 걸 확인할 수 있다.

이것은 2030세대가 다른 세대에 비해서 부동산 가치 상승을 더 많이 기대하고 있다는 것을 보여주는 것이다. 실제로 2030세대가 구입한 주택 가치는 2022년 기준 5억 651만 원으로, 구입할 당시인 2020년에는 3억 6,446만 원이었으니 약 1억 4,205만 원, 39% 정도 급등했다. 계산해보면 평균 대출 증가 폭인 4,955만 원을 빼고도 1억 원 정도가 남는다. MZ세대는 바로 이런 것을 염두에 두고 아파트를 구매하고 있는 것이다.

또한 2030세대는 구도심보다는 신도시 쪽을 더 선호한다는 것을 보여주는 자료가 있다. 한국부동산원의 주택 매매 거래 현황을 보면 2021년 전국에서 매매 거래된 주택은 총 101만 5,171건인데, 이 중 30대 이하가 매입한 주택은 27만 3,699건으로 전체 거래량의 약 27%에 달한다. MZ세대의 부동산 투자의 특징은 주택, 상가를 불문하고 마구 사들였다는 것인데 특히 수익형 부동산의 경우에는 구도심보다 신도시 지역에서 이러한 현상이 뚜렷하게 나타났다. 신도시 부동산 시장의 거래량이 큰 폭으로 상승한 원인이 바로 2030세대의 영끌이라는 것으로 해석할 수 있다.

금리 인상으로 악화일로를 걷는 영끌족

MZ세대가 보유하고 있는 자본이 적은 편임에도 불구하고 거래가 활발했던 이유는 저금리 때문이다. 부동산 가격이 급등하던 2019년, 2020년, 2021년에 초저금리 시세로 대출을 받을 수 있었기 때문이다. 그렇게 초저금리로 2030세대가 주로 구입한 부동산은 동탄, 송도, 평택, 남양주 등 신도시 쪽으로 기울었다. 2030세대의 신도시 부동산 매입 비중은 50%가 넘는 곳도 있다.

문제는 2021년 8월부터 본격적으로 금리 인상이 시작되면서 이자 부담이 가중되고 있다는 것이다. 그러나 이런 금리 공포에도 불구하고 2030을 대표하는 MZ세대는 다른 세대에 비해 내 집 마련에 대한 의지가 강한 것으로 나타나고 있다. 그것은 그동안 대한민국이 보여줬던 '부동산 불패'라는 인식을 2030세대가 학습해서 잘 알고 있기 때문이다. 앞으로도 부동산은 불패일 것이라고 하는 심리가 앞서 있기 때문에 고금리임에도 불구하고 내 집 마련에 대한 의지가 꺾이지 않고 있는 것이다.

그런데 이런 MZ세대 영끌족들의 생활 수준이 점점 악화되고 있다는 건 걱정되지 않을 수 없다. 실제로 이런 문제로 상담해오는 영끌 세대가 적지 않다. 주택담보대출과 신용 대출로 5억 원을 빌려서 마포구의 아파트를 샀다는 A씨의 경우, 2021년 8월 대출받을 당시에는 매달 갚아야 되는 대출 원리금이 200만 원이었는데 기준금리가 급등하면서 2023년 1월 기준으로 매달 280만 원을 낸다. 40% 정도 급증한 것이다. 월급의 실수령액에서 70%가 넘는 돈을 원리금을 갚는 데 써야 한다. 그런데 2021년 8월 이후 집값은 오르지 않고 오히려 하락했다. 금리는 오르고 갚아야 하는 원리금만 올랐다. 이렇기 때문에 영끌족들의 생활 수준이 악화일로를 걷기 시작했다. 아침과 점심을 굶고 저녁만 먹는다고 하는 MZ세대 상담자도 있을 정도다.

여기에서 더 큰 문제가 발생했다. 집값은 하락하고 갚아야 할 원리금은 계속 오르는 상황에서 주택을 더 이상 보유할 수 없게 된 것이다. 그래서 손절매를 하게 되는데, 손절매를 한 아파트 단지들의 공통점이 있다. 2019년에서부터 2022년까지 아파트 가격이 폭등하던 시기에 매입했다는 점이다. 보유 기간이 3년이 채 되지 않는다. 이른바 영끌 매수를 감행했다가 이자를 견디지 못하고 매도했을 가능성이 크다.

강남권에서 영끌을 한 MZ세대도 있다. '집값은 금방 또 뛸 것'이라고 예상하면서 무리한 대출을 받을 것이다. 바로 앞서 말한 똘똘한 한 채를 사람들이 선호한다는 인식으로 강남권을 선택했는데, 강남권 아파트는 금액이 크다 보니까 대출 역시 금액이 높아진다. 그래서 매수했을 때 가격보다 10억을 손해 보고 다시 되파는 사례도 나오고 있는 것이 영끌족의 현실이다.

지금 강남권에서는 이렇게 매수했던 영끌족들이 내놓는 급급매 물량이 대거 나오고 있다. 그러나 강남권마저도 급급매 매물을 잘 받아주지 않는다. 그렇기 때문에 강남권에 큰 금액으로 대출받아서 아파트를 샀던 간 큰 영끌족들에게는 빚만 남게 되었다. 이런 아파트들이 경매로 나오는 경우도 생겨나고 있다.

부동산이 짐이 되지 않으려면

한국의 젊은이들이 영끌을 해서 집을 사는 이유에 대해 알아봤다. 그러나 이제는 젊은이들이 영끌을 해서 집을 사지 말아야 하는 이유로 세상이 꽉 채워지고 있다. 저금리 시대에 빚의 두려움을 모른 채 계속 저금리가 유지될 것이라고 생각하는 사람도 있겠지만, 금리가 이렇게 오를 것이라고 상상하지도 못한 젊은이도 많다. 이제 우리 젊은이들도 부동산이 일본처럼 부의 가치를 높여주는 도구가 아니라 짐이 될 수 있다는 것을 꼭 인식했으면 좋겠다.

부동산으로 자산을 늘리고자 한다면 명심하자. 부동산 하락 초입에 부동산을 매수하면 앞으로 더 떨어질 하락 폭을 감당하지 못하고 힘들어질 수 있다. 그렇기 때문에 하락이 완전히 안정화된 후 다시 상승 시그널이 나올 때까지 기다릴 줄 아는 것도 부동산 투자의 방법이다. 바람이 불 때 연을 날려야지, 바람이 안 불 때 연을 들고 뛰면 힘만 든다.

6

한국과 일본 부동산 비교

일본 부동산의 버블 형성과 붕괴

부동산의 버블 형성 과정이나 생산 가능 인구의 감소, 인구 고령화 등 일본과 한국은 유사한 면이 많다. 그래서 한국이 버블 붕괴 이후 일본처럼 장기 불황에 빠질 것이라는 관측이 있고, 그렇지 않을 것이라는 관측도 있다.

일본의 부동산 가격 추이를 보면 1986년에서부터 1990년까지 약 5 동안 가격의 변동 폭이 두세 배 급등했다. 그런 다음 1991년 가을부터 지금까지 30년이라는 긴 시간 동안 장기 하락이 이어져오고 있다. 이러한 이유로 우리가 알고 있는 '일본의 잃어버린 30년'이라는 표현이 일본경제를 대표한다.

일본 부동산 시장의 버블은 1985년부터 시작되었다는 의견이 보편적이다. 1985년 당시 미국은 막대한 무역적자를 안고 있었다. 미국이 이것을 해결하기 위해 일본에 강요한 플라자 합의에 따라 1984년 말 일본 엔화의 가치는 1달러당 251엔에서 1987년 말에 122엔으로 두 배 이상 올랐다. 1986년 1월 일본 은행의 정책금리는 5%대였으나, 이것을 인하하기 시작해서 그해 11월에 3%로, 11개월 만에 2% 정도로 떨어뜨리는 정책을 펼쳤다. 그다음 해인 1987년에는 2.5%까지 낮추었고 1988년 말경에는 2.5% 수준을 유지하는 정책을 펼친 것이다.

엔화 가치가 높아지자 수출 주도형 성장을 하던 일본에 큰 충격이 왔다. 엔화의 급격한 가치 상승으로 수출 기업들의 가격 경쟁력이 떨어지고 일본의 전반적인 경기가 악화되었다. 이에 대응해서 일본은 경기 부양을 위해 금리 인하를 시작했다. 불황을 막기 위한 경기 부양 저금리 정책이었지만, 공교롭게도 이것이 오히려 일본 부동산 가격을 급격히 밀어 올리는 역할을 했다.

1988년 말 부동산 가격이 큰 폭으로 상승했음에도 일본 은행들은 2.5%의 수준 낮은 금리를 유지하다가 1989년 들어서 부동산 시장의 버블이 매우 우려된다는 데이터를 근거로, 뒤늦게 기준금리를 다시 큰 폭으로 인상하기 시작했다. 이처럼 급격한 금리 인상이 부동산 시장에 큰 충격을 줘서 1991년 초부터 부동산 가격이 아주 급격하게 하락하기 시작했다.

1990년에 도쿄의 맨션 가격은 1억 800만 엔(70㎡)에서 1994년 5천만 엔으로 완전히 반토막 이상으로 급락했다. 그리고 그 이후에도 장기 불황기에 접어들면서 2001년에는 4,500만 엔까지로 하락했다. 우리나라가 2021년 8월부터 금리를 올리기 시작하면서 부동산 가격이 침체기로 접어든 것과 흡사하다고 볼 수 있다.

엎친 데 덮친 격으로 2000년대에 들어서면서 일본에 인구 급감소 현상이 두드러지게 나타나기 시작했다. 전쟁을 겪은 이후 출생한 베이비붐 세대를 '단카이 세대'라고 칭하는데, 단카이 세대가 은퇴를 시작하면서 일본 시장의 어두운 그림자는 결국 부동산 시장의 침체로 이어졌다. 주력 세대의 노화로 일본은 침체의 그늘에서 허우적대기 시작했다.

일본에 빈집이 늘어나는 이유

일본의 집값은 대세 하락 후에 다시 반등의 기미가 보이지 않고 있다. 2023년 올해 말이면 빈집이 처음으로 1천만 채를 넘을 전망이다. 앞으로 15년 후인 2038년에는 일본의 주택 세 채 가운데 한 채가 빈집이 될 것이라는 일본 부동산 전문가들의 전

급증하는 일본 빈집

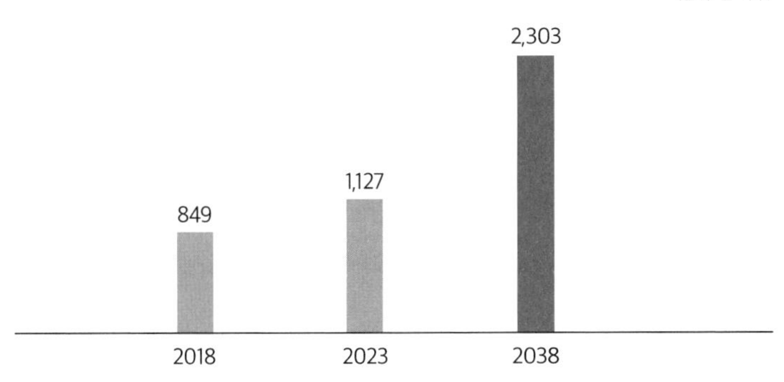

• 빈집 수=총주택 수-총세대 수

자료: 노무라종합연구소, 일본국립사회보장·인구문제연구소

망도 있다.

일본에서는 왜 계속 빈집이 늘어날까? 인구는 감소하는데 일본 정부가 주택을 대량 공급하는 정책을 고수했기 때문이다. 일본 정부의 정책 오류가 결국 빈집 문제를 더욱 악화시켰다고 보고 있다.

일본의 노무라종합연구소는 2023년 일본의 전체 주택 수가 6,546만 채로 2023년 현재 일본의 세대 수 5,419만 세대에 비해 주택 수가 1,127만 채가 많다고 밝혔다. 그런데도 일본 정부가 신규 주택을 계속 공급하는 이유는 오래된 주택은 지진에 대비한 내구성이 부족하기 때문이다. 내진 기준을 충족했지만 정부의 에

너지 전략 기준을 만족시키지 못하는 주택은 3,450만 채에 달하는 것으로 밝혀졌다. 내진성과 에너지 절감 능력이 떨어지는 오래된 주택은 자연스럽게 소비자들의 외면을 받고 있기 때문에 신규 주택을 계속 공급하게 되는 것이다.

이런 이유로 일본 내 주택 시장에서 기존의 주택 거래 비중은 14%로 아주 미미한 수준으로 나타나고 있다. 이에 반해서 미국과 영국의 기존주택 거래 비중의 경우 약 80~90%에 달할 정도로 매우 높은 수치다. 이 차이는 역사가 오래된 주택을 높게 평가하는 문화 차이에 비롯한다.

2023년 현재 일본은 제로금리 정책을 쓰고 있다. 제로금리라는 것은 이자 없이 대출을 받을 수 있다는 뜻이다. 그러나 부동산 거품 붕괴를 경험한 일본인들은 제로금리라고 하는 좋은 조건에도 주택 구입으로 몰려들지 않았다. 일본은 고령화나 저성장 등의 문제를 인식하고 있고, 이것으로 인해 주택 가격은 오르지 않을 것이라는 사회적 인식이 깊이 자리 잡았다. 부동산은 자산의 가치를 높여주는 것이 아니라 짐 덩어리가 될 수 있다는 인식이 팽배하기 때문에 주택을 사려는 사람들이 나타나지 않는 것이다.

이제 일본은 주택을 소유하는 것에서 사용하는 것으로, 개발에서 관리로 인식이 전환됐다. 부동산 시장 역시 임대와 자산 위탁관리 시장 중심으로 변모하기 시작했다. 부동산 매매 시장보다 임대 시장이 확장되는 상황으로 발전했다. 버블 붕괴 이후 시세차익을 통한 수익을 기대할 수 없게 되면서, 보다 안정적인 임대 수익을 확보할 수 있는 임대 시장이 오히려 크게 활성화된 것이다.

앞서 말했듯 일본 도쿄의 집값은 서울의 집값보다 싸다. OECD 주요 국가의 실제 주택 가격을 비교해보면 미국, 유럽의 경우 2000년대에 비해서 30% 상승한 반면 일본은 20% 하락했다. 일본은 부동산 버블과 버블이 꺼진 지난 20년의 장기 침체를 겪은 일본 부동산 시장에는 이제 빈집과 신도시 공동화 현상이라는 문제가 남아 있다. 이는 일본 정부의 부동산 정책의 실패와도 연결이 되겠지만 고령화라고 하는 인구 문제까지 발생해서 두 가지 문제를 동시에 안고 있다.

한국의 부동산, V자 급등은 어려워 보인다

그럼 한국 부동산의 불안 요소에 대해 알아보자. 한국 역시 생산 가능 인구는 감소하고 저출산, 고령화로 급속하게 인구 구조의 변화를 겪고 있다는 점이 부동산 시장의 잠재적 불안 요소로 작용하고 있다.

2000~2050년 한국 총가구 및 가구 증가율

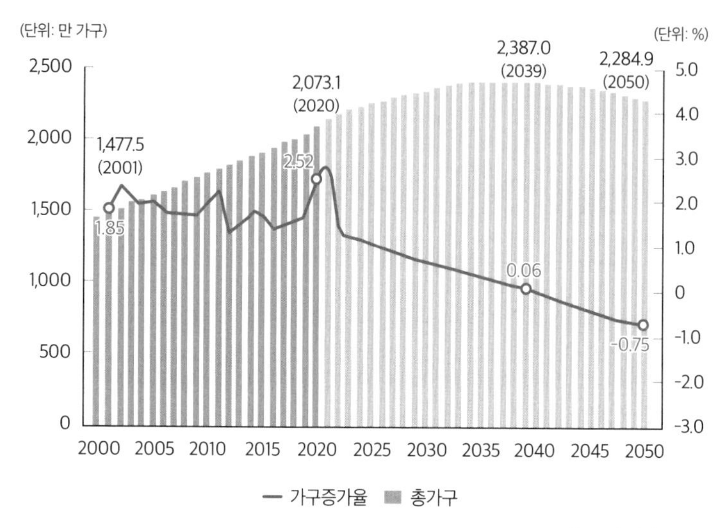

자료: 통계청(2021)

한국의 부동산 문제가 일본과 유사하다는 지적이 나오는 이유는 가계 부채 급증, 부동산 가격의 버블 그리고 인구 구조적인 현상, 이 세 가지를 꼽을 수 있다. 그래서 우리나라 역시 자산 가격 거품이 거치면 일본식 장기침체에 빠질 가능성이 높다는 이야기가 나오는 것이다.

사실상 일본의 주택 가격도 2013년부터 도쿄를 중심으로 지속적으로 상승하고 있긴 하다. 그러나 2013년을 기준으로 일본의 주택 가격은 한국에 비하면 그렇게 급등한 것은 아니다. 1990년대 초 버블 붕괴 이후 20여 년간 하락세에 있었기 때문에 현재는 겨우 그 절반 정도를 회복한 상황이다. 우리나라의 아파트도 최근 몇 년간 급등했지만 다시 회복하려면 수년이 걸릴 수도 있다는 분석이 바로 여기에서 나오는 것이다.

일본 부동산 버블 당시 땅값은 1987년 이후 상업용지를 중심으로 급등하기 시작했는데, 이러한 상업용지도 버블 붕괴 이후 급격하게 하락했다. 일본 부동산의 버블이 순식간에 꺼지면서 상업용지의 가격은 최고점 대비 5분의 1 수준, 주택용지의 가격은 2분의 1 수준으로 완전히 급락했다. 대한민국의 땅값도 버블이 꺼지는 때가 오면 상업용지나 주택용지의 가격이 일본 수준으로 급락할 수 있다. 이 위험성을 꼭 기억해줬으면 좋겠다.

지금 우리나라는 고물가 상황이 지속되고 있기 때문에 일본식 부동산 장기 불황도 사실 배제할 수는 없다. 부동산은 실물 경제와 밀접하게 연결돼 있기 때문이다. 그런데 일본 부동산 버블 붕괴 당시와 달리 한국에는 주택 시장에서의 위험 추구 행위를 제어할 수 있는 제도적 장치가 있다.

일본의 경우 버블 당시 부동산 가격의 담보를 100%까지 인정하는 사례가 있었다. 그러나 한국의 경우는 LTV, DTI 규제를 통해서 일본과 같은 담보 가치 인정 융자가 확대되는 극단적인 일은 발생하지 않는다. 이런 이유로 일본처럼 연쇄적인 가계 부도로 이어지지는 않을 것이라는 낙관적인 전망도 나오고 있다.

그렇다면 한국 주택 시장의 버블은 왜 생겼을까? 코로나 이후 풀린 지원금 등 유동성으로 인해서 경제가 갑자기 호황을 맞았고, 초저금리 시기를 겪었기 때문에 그 시기에 부동산은 급등했었던 것이다. 그러면서 물가가 급상승하고, 상승한 물가를 잡기 위해 미국에서 기준금리 인상을 시작했다. 한국도 미국의 기준금리와 발맞춰서 금리를 인상하다 보니 부동산 가격이 다시 하락하기 시작한 것이다.

코로나 시기를 겪으면서 한국 사람들은 초저금리의 시기를 이용해서, 부동산에 막대한 레버리지를 활용해서 부동산을 사들였다. 그래서 부동산의 가격은 자연적으로 몇 배까지 뛸 수밖에 없었다.

그렇다면 2023년, 2024년 한국의 주택 시장은 과연 어떻게 될

경제위기별 한국의 대출 규모

경제위기	주택담보대출, LTV 비중	PF 대출 규모
1997년 IMF	주택을 담보로 하는 대출 자체가 거의 없었음	PF 대출 자체가 거의 없었음
2008년 금융위기	주택담보대출 LTV 평균 38%	PF 대출 규모 적음
2022년	주택담보대출 LTV 평균 50%	PF 대출 규모 매우 큼 (10년 전의 10배)

까? 2023년, 2024년에는 고금리 상황이 계속 이어질 수 있기 때문에 주택 시장에 다시 훈풍이 불기까지 좀 더 시간이 필요해 보인다. 그리고 부풀려진 부동산 가격이 고점이라는 인식이 있기 때문에 선뜻 부동산을 매수하려 하지 않는다. 이런 사람들의 심리는 금리가 하락한다고 해도 쉽게 풀리지 않을 것이라고 본다. 그 이유는 한국에도 주택 공급이 많아지고 있기 때문이다.

일본 부동산 시장의 버블의 추억을 생각한다면 한국의 부동산 버블도 사람들 뇌리에 오랜 시간 자리잡을 수 있기 때문에 갑자기 V자 반등을 하는 것은 어려워 보인다.

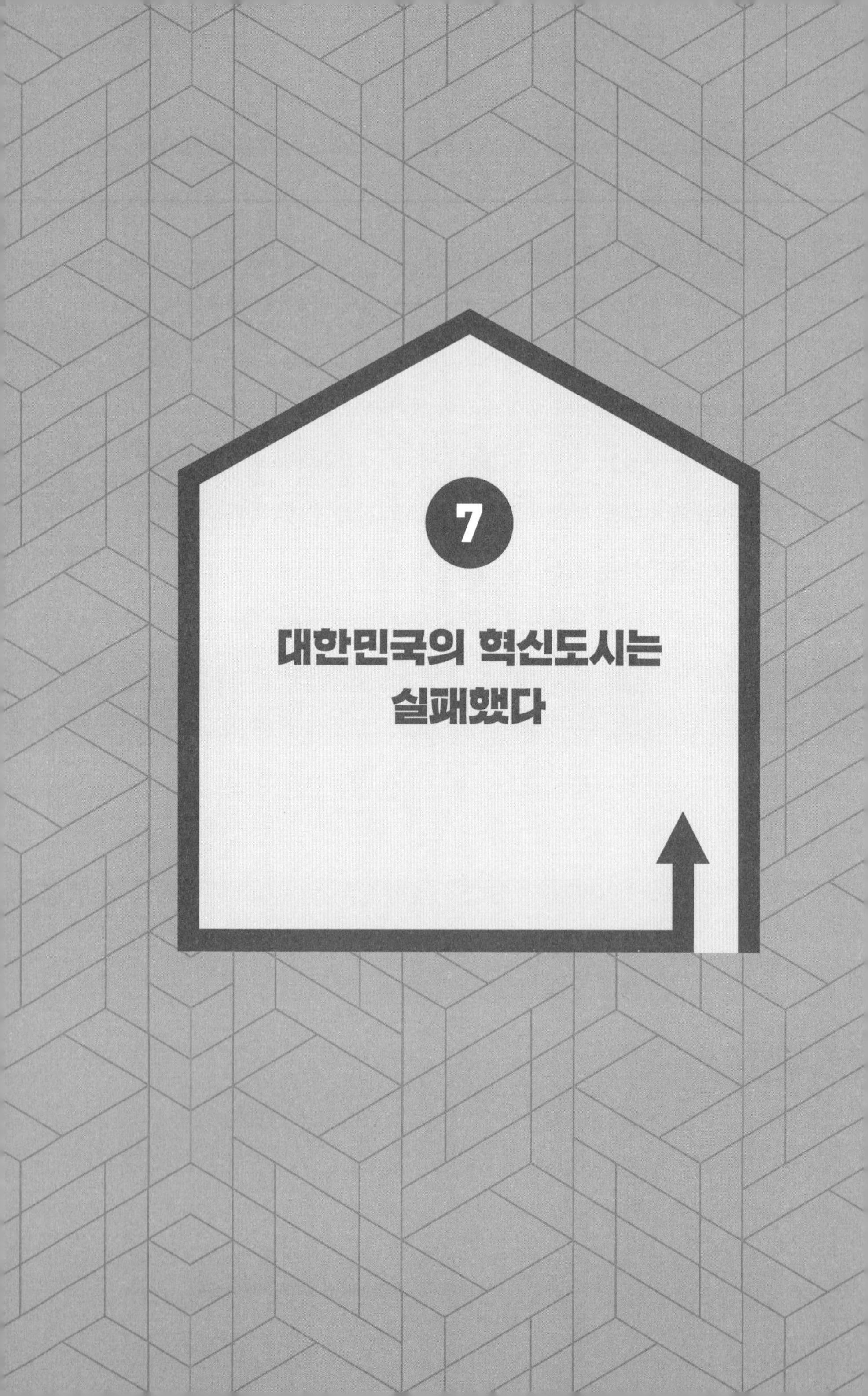

7

대한민국의 혁신도시는 실패했다

균형발전의 꿈

대한민국의 혁신도시의 면면을 보고 한마디로 정의를 하자면 실패한 정책이라고 생각한다. 혁신도시는 수도권에 집중된 인구를 지방으로 분산해서 균형발전을 도모하자는 취지에서 만든 것인데, 균형발전이 이뤄지고 있지 않기 때문이다.

혁신도시는 이전하는 공공기관을 수용해서 기업 대학 공공기관, 연구소 등 기관이 서로 긴밀하게 협력할 수 있는 혁신 여건과 수준 높은 주거, 교육, 문화 등 환경을 갖추도록 개발하는 미래형 도시를 의미한다. 그러나 현실은 이렇게 유기적으로 형성되어 있지 않다.

2023년 2월 기준 혁신도시별 주요 성과 지표

(단위: %)

혁신도시명	가족동반이주율	지역인재 채용률	정주환경 만족도	입주 기업 수
부산	77	35	70	300
대구	67.4	38.2	67.7	151
광주, 전남	70.9	30.7	67.2	447
울산	71.7	35.1	67.1	147
강원	65.9	44.47	67.7	63
충북	47.8	40.3	65.4	87
전북	75.8	36.5	68.2	235
경북	53	36.9	67.7	75
경남	66.6	30.5	71.1	509
제주	82.4	29.4	67.7	157

자료: 국토교통부

혁신도시는 원래 노무현 정부의 주요 정책이었다. 이후 이명박 정부나 박근혜 정부는 이에 대해 비판적인 입장이라 추진이 지지부진했다가 문재인 정부 출범 이후 기존의 혁신도시를 키우겠다는 목적으로 2022년까지 총 4조 3천억 원 규모의 예산을 투입해 진행했다.

혁신도시에는 네 가지 유형이 있다. 첫 번째, 산, 학, 연, 관, 네 곳의 연계를 통한 혁신을 창출하는 혁신 거점 도시를 만드는 것.

두 번째, 지역 테마를 가진 개성 있는 특성화 도시를 만드는 것. 세 번째, 누구나 살고 싶은 친환경 녹색 도시를 만드는 것. 네 번째, 학습과 창의적 교류가 가능한 교육 문화 도시를 만드는 것. 과연 이것이 지금 계획대로 진행이 되고 있는지 한번쯤 돌아봐야 할 시기이기 때문에 여기서 언급하고자 한다.

혁신도시에 정착하게 할 인프라가 필요하다

좋은 취지에서 시작된 혁신도시의 추진. 그러나 혁신도시로 인해 부작용이 많이 발생했다. 2021년 기준 혁신도시 10곳 가운데 비규제 지역은 7곳이었다. 부산, 울산, 대구 혁신도시는 규제 지역이었고 나머지 충북, 강원, 경북, 경남, 전북, 광주, 전남, 제주의 혁신도시는 모두 지방 시군 단위에 소재한 덕분에 규제 지역 지정을 피할 수 있었다.

과밀화된 수도권의 인구를 분산하고 지방 자립을 돕기 위해 2007년부터 전국의 10개 혁신도시를 개발했고 2013년부터 혁신도시 입주가 본격화됐는데, 수도권 인구 분산 효과는 예상만큼 나타나지 않았다. 지방으로 강제 이전된 공공기관의 직원들이 교육과 생활, 인프라가 부족한 혁신도시에 정착하는 대신 가족은 수도권과 서울에 두고 본인만 지방에서 생활하며 이산가족, 주말 부부, 또는 기러기 아빠만 양산했다는 비판을 받았다.

수도권의 인구 분산과 지역 인재 채용이라고 하는 좋은 취지와는 달리 혁신도시는 오히려 가족을 뿔뿔이 흩어지게 만드는 모순으로 작용했다. 2020년 8월 국토연구원 보고서를 보면 2012년 이후 10개 인근 도시에서 혁신도시로 유출된 인구는 9만 2천 명이 조금 넘고 혁신도시 인구의 51%를 차지했다. 반면 수도권에서 유입된 인구는 2만 8천 명으로 16%밖에 되지 않았다. 한마디로 혁신도시로 이전하는 계획 인구 목표의 달성에 실패한 것이다. 또한 산·학·연의 클러스터를 추진했지만 역시 예상했던 만큼 잘 이뤄지지 않아서, 혁신도시 집값은 수년간 보합세를 유지하거나 오히려 분양가 아래로 떨어지는 지역도 나타났었다.

뿐만 아니라 혁신도시의 원도심에 공동화 현상도 불렀다. 원도심에 있던 주민들이 혁신도시 새 아파트로 이전하는 결과를 초래했기 때문에 원도심은 오히려 상권이 쇠퇴하거나 노후되는 상황으로 몰리게 된 것이다. 혁신도시의 상권을 보면 점심시간에도 식당은 텅 비어 있고 심지어 어느 혁신지역의 상가에는 6년째 임대 간판만 걸려 있다. 금요일부터 공공기관 직원들이 썰물처럼 빠져나가면 실제 영업을 할 수 있는 날은 월요일부터 목요일, 나흘뿐인데 상가 개설 투자 대비 수익성이 현저히 떨어진다는 지적이 있다. 그래서 혁신도시에 가보면 금요일 오후 이후나 주말에는 정말 유령 도시에 가까울 만큼 조용하기 짝이 없다.

겉으로 보기에는 잘 지어진 건물들, 그래서 여느 도시와 다르지 않은 모습을 갖추고 있지만 자세히 그 속을 들여다보면 혁신도시의 상권은 무너졌다. 비싸게 분양받았던 그 상가들의 주인들은 수억에서 수십억까지 빚을 지고 있는 상황으로 남게 되었다. 더군다나 공공기관 내에 복지를 위해서 구내 식당과 커피숍 은행 등 필요 시설들이 들어서 있기 때문에 주변 상권이 더욱더 위축되고 있다. 혁신도시 내에 거주하는 인구 대비 건물의 상가 비율이 높은 것 또한 문제로 지적되고 있다.

정리하면, 상가의 소비 수요 대비 공급량이 많다는 것이 현실적인 문제다. 그럼 '이런 혁신도시를 그대로 둘 것인가?'가 문제인데, 공공기관의 이전보다 더 시급한 것은 혁신도시에 안착하고 정착할 수 있는 여러 가지 제도와 인프라를 구축하는 것이라고 생각한다.

• EPILOGUE •

당신은 부자를 볼 것인가, 부자가 될 것인가?

대한민국에서 주택을 보유하고 있는 사람은 60%가 조금 넘는다. 10명 중에 6명은 주택을 보유하고 있는데 자가 보유율이 가장 높은 나라는 싱가폴로, 91%나 된다. 일본의 경우에도 한국보다는 아주 조금 더 자가 보유율이 높다.

또 50억~100억 원 규모 중소형 빌딩의 거래도 2021년까지 연간 1,000건 이상 거래가 이루어졌는데, 부동산 투자는 정확한 정보와 결정할 수 있는 용기가 따라 줘야 함을 잊지 말자.

자신 소유의 부동산(아파트)를 보유한다는 것은 상당한 설렘과 미래 보험적인 측면에서 아주 훌륭한 일이다. 그러나 아파트를 향한 사랑의 구애가 이어짐에도 자가 보유율은 다른 선진국에 비해서 그다지 높지는 않다.

››››

"왜 아파트를 사려고 하는가?"라는 우문엔 저마다 현답을 가지고 있다. 그 현답의 니즈에 따라 우리는 부동산에 올인하고 "얼마를 남겨 팔았고 다시 얼마를 가지고 무엇을 샀다"는 식의 대화에 열광하는 것도 사실이다.

2021년과 2022년 사이 초급등한 아파트를 산 후 다시 아파트 가격의 급락 소식이 있을 때마다 깊은 한숨을 내쉬고 자고 나면 오르는 원리금에 가족 몰래 눈물을 훔치며 잠이 드는 일도 겪고 있다.

"왕관을 쓰려는 자, 그 무게를 견뎌라!"라는 말처럼 매달 나가는 원리금에 숨이 막혀도 '언젠가는 크게 다시 오를거야!'라는 믿음으로 오늘을 고통스럽게 지내는 사람들이 한둘이 아닌 것을 잘 알고 있다.

집값은 반드시 오른다.

다만 부동산은 주식처럼 매매할 수 있는 것이 아니기에, 뉴스보다 앞서 언제 오르고 언제 내리느냐를 정확히 간파하면서 매매 시점을 잘 관리할 필요가 있고, 치밀한 전략의 수립과 실행 또한 불가결하다. 한편 '언제'라는 시기도 중요하지만 '어디에 있는 아파트(부동산)'를 살 것인지도 매우 중요하다.

각자가 가진 순자산의 범위가 다 다르므로 자산 규모에 맞춰 포트폴리오를 짜고 부동산에 관심을 가져본다면 그렇지 않은 사람들보다 자산을 모으는 과정은 흔들림 없이 체계적으로, 자산이 늘어나는 속도는 기대 이상으로 증폭될 것이다.

이 책이 당신이 가져야 할 부동산을 더 빠르고 쉽게 갖게 해줄 안내서가 되길 바란다.

• 특별부록 •

2023년 빅데이터에서 가장 많이 언급된 지역별 아파트

소셜 빅데이터 '타파크로스'와 함께 지역별로 중위권 이상의 소득을 가진 사람들이 거주하는 아파트 중에서 빅데이터상 가장 많이 언급된 아파트를 정리했다. 서울특별시 25개 자치구, 경기도, 6대 광역시 및 세종특별자치시에 소재한 아파트들을 대상으로 교통, 교육, 생활편의, 일자리, 가치실현이란 5개 항목을 선정하여 섹션별로 별점을 표시했다. 이 데이터상 별점은 빅데이터상의 통계 수치 자료이기에 개인적 부동산 투자와는 무관함을 알린다.

별점

빅데이터상 가장 많이 언급된 아파트에 대한 거주자, 비거주자의 긍정적 평가와 부정적 평가를 조사하여 추정한 수치

아쉬움	★	아쉬운 편	★★
준수함	★★★	양호	★★★★
매우 양호	★★★★★		

세부항목

- **교통**

  일정한 시간 내에 내가 가려고 하는 목적지까지 빠르게 이동, 도달하는 편리성. 지하철, 철도, 비행기 등 생활의 이동 편리성 및 도로 인프라 구축

- **교육**

  인근에 유치원, 학교, 학원, 대학교 따위의 교육 시설이 밀집해 있고 학교에서 학원까지 혼자서 움직일 수 있는 교육환경

- **생활편의**

  다양한 생활 기반 시설인 공원, 상점, 병원, 놀이터, 병원, 헬스장 등이 주거지역에 가까이 있어 편리하게 이용할 수 있는 생활환경

- **일자리**

  경제활동을 위해서 산업단지가 조성된 집단 시설이나 미래 일자리가 늘어날 수 있는 환경

- **가치실현**

  주거에 편리하고 향후 미래 가치를 창출할 수 있는 환경

강남구

단지명 개포동 대청

동	세대 수	사용승인일	교통	교육	생활편의	일자리	가치실현
개포동	822	1992.10.14	★★★★	★★★★	★★★	★★★	★★★★

단지명 압구정현대 1, 2차

동	세대 수	사용승인일	교통	교육	생활편의	일자리	가치실현
압구정동	960	1976.06.07	★★★★	★★★★	★★★★	★★★★	★★★★★

강동구

단지명 고덕그라시움

동	세대 수	사용승인일	교통	교육	생활편의	일자리	가치실현
고덕동	4,932	2019.09.27	★★★★	★★★	★★★	★★★	★★★★

단지명 래미안힐스테이트고덕

동	세대 수	사용승인일	교통	교육	생활편의	일자리	가치실현
고덕동	3,658	2016.12.29	★★★	★★★★	★★★	★★★	★★★★

강북구

단지명 꿈의숲롯데캐슬

동	세대 수	사용승인일	교통	교육	생활편의	일자리	가치실현
미아동	615	2017.02	★★★	★★★	★★★★	★★★	★★★

단지명 수유벽산1차

동	세대 수	사용승인일	교통	교육	생활편의	일자리	가치실현
수유동	1,454	1993.11.17	★★★	★★★	★★★★	★★★	★★★

강서구

단지명 등촌주공3단지

동	세대 수	사용승인일	교통	교육	생활편의	일자리	가치실현
등촌동	1,016	1995.10.10	★★★★	★★★★	★★★★	★★★	★★★★

단지명 우장산아이파크

동	세대 수	사용승인일	교통	교육	생활편의	일자리	가치실현
화곡동	2,517	2008.01.08	★★★★★	★★★★	★★★★	★★★	★★★

관악구

단지명 봉천두산1,2단지

동	세대 수	사용승인일	교통	교육	생활편의	일자리	가치실현
봉천동	2,001	2000.12.28	★★★★	★★	★★★	★★★	★★★★

단지명 신림푸르지오1차

동	세대 수	사용승인일	교통	교육	생활편의	일자리	가치실현
신림동	1,456	2005.06.21	★★★	★★★★	★★	★★★	★★★

광진구

단지명 광장현대파크빌10차

동	세대 수	사용승인일	교통	교육	생활편의	일자리	가치실현
광장동	1,170	2000.08.31	★★★★	★★★★	★★★★★	★★★★	★★★★★

단지명 우성2차

동	세대 수	사용승인일	교통	교육	생활편의	일자리	가치실현
자양동	405	1989.07.22	★★★	★★★★★	★★★	★★★	★★★★★

구로구

단지명 구로두산

동	세대 수	사용승인일	교통	교육	생활편의	일자리	가치실현
구로동	1,285	1998.11.30	★★★★	★★★	★★★	★★★★	★★★

단지명 신도림롯데

동	세대 수	사용승인일	교통	교육	생활편의	일자리	가치실현
구로동	718	1999.11.27	★★★★	★★★	★★★★	★★★★	★★

금천구

단지명 금천롯데캐슬골드파크1차

동	세대 수	사용승인일	교통	교육	생활편의	일자리	가치실현
독산동	1,743	2016.11.30	★★★★	★★★	★★★	★★★★	★★★

단지명 독산현대

동	세대 수	사용승인일	교통	교육	생활편의	일자리	가치실현
독산동	214	1999.08.20	★★★	★★★	★★★★	★★★	★★★

노원구

단지명 태릉해링턴플레이스

동	세대 수	사용승인일	교통	교육	생활편의	일자리	가치실현
공릉동	1,308	2022.01.18	★★★★	★★★	★★★★	★★★★	★★★★

단지명 중계무지개

동	세대 수	사용승인일	교통	교육	생활편의	일자리	가치실현
중계동	2,433	1991.11.15	★★★	★★★★★	★★★	★★★	★★★★

도봉구

단지명 삼성래미안

동	세대 수	사용승인일	교통	교육	생활편의	일자리	가치실현
창동	1,668	1992.07.31	★★★★	★★★	★★★★	★★★	★★★★

단지명 쌍문한양1차

동	세대 수	사용승인일	교통	교육	생활편의	일자리	가치실현
쌍문동	824	1986.12.02	★★★	★★★	★★★	★★★	★★★★

동대문구

단지명 장안현대홈타운1차

동	세대 수	사용승인일	교통	교육	생활편의	일자리	가치실현
장안동	2,182	2003.10.28	★★★	★★★★	★★★★★	★★★	★★★★

단지명 동대문롯데캐슬노블레스

동	세대 수	사용승인일	교통	교육	생활편의	일자리	가치실현
전농동	584	2018.06.29	★★★★	★★★★	★★★★	★★★★	★★★★★

동작구

단지명 사당우성2단지

동	세대 수	사용승인일	교통	교육	생활편의	일자리	가치실현
사당동	1,080	1993.12.21	★★★★	★★★	★★★★	★★★	★★★★

단지명 보라매자이더포레스트

동	세대 수	사용승인일	교통	교육	생활편의	일자리	가치실현
신대방동	959	2021.10.29	★★★★	★★★	★★★	★★★	★★★

마포구

단지명 신촌그랑자이

동	세대 수	사용승인일	교통	교육	생활편의	일자리	가치실현
대흥동	1,248	2020.02.21	★★★★	★★★★	★★★★	★★★	★★★

단지명 신촌숲아이파크

동	세대 수	사용승인일	교통	교육	생활편의	일자리	가치실현
신수동	1,015	2019.08.29	★★★★	★★★★★	★★★★	★★★	★★★

서대문구

단지명 힐스테이트신촌

동	세대 수	사용승인일	교통	교육	생활편의	일자리	가치실현
북아현동	1,226	2020.08	★★★★	★★★★★	★★★★	★★★★	★★★

단지명 서대문 푸르지오 센트럴파크

동	세대 수	사용승인일	교통	교육	생활편의	일자리	가치실현
홍제동	832	2022.10	★★★	★★★	★★★★★	★★★	★★★

서초구

단지명 반포미도2차

동	세대 수	사용승인일	교통	교육	생활편의	일자리	가치실현
반포동	435	1989.05.13	★★★★	★★★	★★★★★	★★★★	★★★★

단지명 방배현대홈타운1차

동	세대 수	사용승인일	교통	교육	생활편의	일자리	가치실현
방배동	644	1999.11.09	★★★★	★★★	★★★★	★★★★	★★★★

성동구

단지명 성수롯데캐슬파크

동	세대 수	사용승인일	교통	교육	생활편의	일자리	가치실현
성수동	604	2003.09.30	★★★★	★★★★	★★★★	★★★★	★★★★★

단지명 서울숲더샵

동	세대 수	사용승인일	교통	교육	생활편의	일자리	가치실현
행당동	495	2014.09.16	★★★★	★★★★★	★★★★★	★★★★	★★★★★

성북구

단지명 길음동부센트레빌

동	세대 수	사용승인일	교통	교육	생활편의	일자리	가치실현
길음동	1,377	2004.12.08	★★★	★★★★	★★★★	★★	★★★★

단지명 돈암브라운스톤

동	세대 수	사용승인일	교통	교육	생활편의	일자리	가치실현
돈암동	1,074	2004.12.18	★★★	★★★	★★★	★★★	★★★★

송파구

단지명 코오롱

동	세대 수	사용승인일	교통	교육	생활편의	일자리	가치실현
방이동	758	1991.10.18	★★★★	★★★★	★★★★	★★★	★★★★

단지명 장미2차

동	세대 수	사용승인일	교통	교육	생활편의	일자리	가치실현
신천동	1,302	1979.08.30	★★★★	★★★★	★★★★★	★★★	★★★★★

영등포구

단지명 대방대림

동	세대 수	사용승인일	교통	교육	생활편의	일자리	가치실현
대방동	1,628	1993.11.20	★★★★	★★★★	★★★	★★★	★★★

단지명 영등포푸르지오

동	세대 수	사용승인일	교통	교육	생활편의	일자리	가치실현
영등포동	2,462	2002.05.31	★★★★	★★★	★★★	★★★	★★★★

양천구

단지명 래미안목동아델리체

동	세대 수	사용승인일	교통	교육	생활편의	일자리	가치실현
신정동	1,497	2021.01.30	★★★★	★★★	★★★	★★★	★★★

단지명 신정아이파크

동	세대 수	사용승인일	교통	교육	생활편의	일자리	가치실현
신정동	590	2002.07.30	★★★	★★★★	★★★★	★★	★★★

용산구

단지명 남산대림

동	세대 수	사용승인일	교통	교육	생활편의	일자리	가치실현
이태원동	400	1994.12.31	★★★	★★★	★★★★	★★★	★★★★

단지명 용산롯데캐슬센터포레

동	세대 수	사용승인일	교통	교육	생활편의	일자리	가치실현
효창동	478	2019.04.29	★★★★	★★★★	★★★★	★★★★	★★★★★

은평구

단지명 북한산래미안

동	세대 수	사용승인일	교통	교육	생활편의	일자리	가치실현
불광동	647	2010.08.30	★★	★★★	★★★★★	★★	★★★

단지명 백련산SK뷰아이파크

동	세대 수	사용승인일	교통	교육	생활편의	일자리	가치실현
응암동	1,305	2020.05.21	★★★	★★★★	★★★★	★★★	★★★

종로구

단지명 창경궁뜰아남

동	세대 수	사용승인일	교통	교육	생활편의	일자리	가치실현
명륜동	435	1995.12	★★★	★★★	★★★★★	★★	★★★

단지명 광화문풍림스페이스본

동	세대 수	사용승인일	교통	교육	생활편의	일자리	가치실현
사직동	744	2008.07.11	★★★★	★★★★	★★★★★	★★★★	★★★★

중구

단지명 힐스테이트세운 1, 2단지

동	세대 수	사용승인일	교통	교육	생활편의	일자리	가치실현
입정동	916	2023.02	★★★★★	★★★	★★★★★	★★★★	★★★★★

중랑구

단지명 사가정센트럴아이파크

동	세대 수	사용승인일	교통	교육	생활편의	일자리	가치실현
면목동	1,505	2020.07.30	★★★	★★★	★★★★	★★★	★★★

단지명 한신

동	세대 수	사용승인일	교통	교육	생활편의	일자리	가치실현
중화동	1,544	1997.10.11	★★★★	★★★	★★★	★★★	★★★★

고양시

단지명 삼송원흥역센트럴푸르지오

동	세대 수	사용승인일	교통	교육	생활편의	일자리	가치실현
원흥동	450	2018.07.30	★★★	★★★	★★★★	★★★	★★★★

단지명 강선14단지두산

동	세대 수	사용승인일	교통	교육	생활편의	일자리	가치실현
주엽동	792	1994.03.30	★★★★	★★★★	★★★★	★★★	★★★★

과천시

단지명 과천센트럴파크푸르지오써밋

동	세대 수	사용승인일	교통	교육	생활편의	일자리	가치실현
부림동	1,317	2020.12.01	★★★★	★★★★	★★★	★★★	★★★★

단지명 래미안슈르

동	세대 수	사용승인일	교통	교육	생활편의	일자리	가치실현
원문동	2,899	2008.08.12	★★★★	★★★★	★★★	★★★	★★★★

광명시

단지명 광명한진타운

동	세대 수	사용승인일	교통	교육	생활편의	일자리	가치실현
광명동	1,633	1997.06.25	★★★	★★★★	★★★	★★★★	★★★★

단지명 철산푸르지오하늘채

동	세대 수	사용승인일	교통	교육	생활편의	일자리	가치실현
철산동	1,264	2010.02.18	★★★	★★★★	★★★★	★★★★	★★★★

광주시

단지명 힐스테이트태전에듀포레10단지

동	세대 수	사용승인일	교통	교육	생활편의	일자리	가치실현
태전동	394	2019.08.29	★★★	★★★	★★★	★★★	★★★

단지명 e편한세상광주역1단지

동	세대 수	사용승인일	교통	교육	생활편의	일자리	가치실현
역동	441	2016.10.31	★★★	★★★	★★	★★★	★★★

김포시

단지명 오스타파라곤1블록

동	세대 수	사용승인일	교통	교육	생활편의	일자리	가치실현
걸포동	606	2010.12.30	★★★	★★★★	★★★★	★★★	★★★

단지명 수기마을힐스테이트2단지

동	세대 수	사용승인일	교통	교육	생활편의	일자리	가치실현
고촌읍	1,149	2008.04.14	★★★	★★★	★★★★	★★★	★★★

남양주시

단지명 별내한화꿈에그린더스타

동	세대 수	사용승인일	교통	교육	생활편의	일자리	가치실현
별내동	729	2012.10.29	★★★	★★★	★★★★	★★★	★★★

단지명 남양휴튼

동	세대 수	사용승인일	교통	교육	생활편의	일자리	가치실현
진접읍	443	2010.02.21	★★★	★★★	★★★	★★★	★★★

부천시

단지명 소사SK뷰

동	세대 수	사용승인일	교통	교육	생활편의	일자리	가치실현
소사본동	1,172	2004.06.29	★★★	★★★	★★★★	★★★	★★★★

단지명 부천중동역푸르지오

동	세대 수	사용승인일	교통	교육	생활편의	일자리	가치실현
송내동	1,001	2005.09.01	★★★	★★★	★★★	★★★	★★★★

성남시

단지명 백현마을5단지휴먼시아

동	세대 수	사용승인일	교통	교육	생활편의	일자리	가치실현
백현동	584	2009.10.20	★★★★★	★★★★	★★★★★	★★★★	★★★★

단지명 판교원마을9단지한림풀에버

동	세대 수	사용승인일	교통	교육	생활편의	일자리	가치실현
판교동	1,045	2009.03.27	★★★★	★★★	★★★★	★★★	★★★★

수원시

단지명 더샵광교산퍼스트파크

동	세대 수	사용승인일	교통	교육	생활편의	일자리	가치실현
조원동	666	2022.05.31	★★★	★★★	★★★	★★★	★★★

단지명 자연앤힐스테이트

동	세대 수	사용승인일	교통	교육	생활편의	일자리	가치실현
이의동	1,764	2012.11.29	★★★★	★★★	★★★★	★★★	★★★

안산시

단지명 안산센트럴푸르지오

동	세대 수	사용승인일	교통	교육	생활편의	일자리	가치실현
고잔동	990	2018.04.27	★★★★	★★★	★★★★	★★★★	★★★

단지명 그랑시티자이1차

동	세대 수	사용승인일	교통	교육	생활편의	일자리	가치실현
사동	3,728	2020.02.18	★★	★★★	★★★	★★★★	★★★

안양시

단지명 푸른마을인덕원대우

동	세대 수	사용승인일	교통	교육	생활편의	일자리	가치실현
평촌동	1,996	2001.04.28	★★★★	★★★	★★★	★★★	★★★

단지명 향촌현대4차

동	세대 수	사용승인일	교통	교육	생활편의	일자리	가치실현
평촌동	552	1992.11.28	★★★★	★★★★★	★★★★	★★★	★★★★

양주시

단지명 해동마을신도브래뉴

동	세대 수	사용승인일	교통	교육	생활편의	일자리	가치실현
광사동	744	2009.11.27	★★	★★★	★★★	★★★	★★★

단지명 e편한세상옥정에듀써밋

동	세대 수	사용승인일	교통	교육	생활편의	일자리	가치실현
영등포동	1,160	2018.05.24	★★★	★★★★	★★★★	★★★	★★★

용인시

단지명 e편한세상용인한숲시티2단지

동	세대 수	사용승인일	교통	교육	생활편의	일자리	가치실현
남사읍	446	2018.06.27	★★★	★★★★	★★	★★★	★★★★★

단지명 도현현대아이파크

동	세대 수	사용승인일	교통	교육	생활편의	일자리	가치실현
신갈동	568	2001.05.25	★★★★	★★★★	★★★	★★★	★★★★

의왕시

단지명 모락산현대

동	세대 수	사용승인일	교통	교육	생활편의	일자리	가치실현
오전동	1,614	2002.11.05	★★★	★★★	★★★	★★★★	★★★

단지명 인덕원삼호

동	세대 수	사용승인일	교통	교육	생활편의	일자리	가치실현
포일동	684	1991.04.09	★★★★	★★★	★★★	★★★	★★★★

의정부시

단지명 삼성래미안진흥

동	세대 수	사용승인일	교통	교육	생활편의	일자리	가치실현
신곡동	832	2002.11.16	★★★	★★★★	★★★	★★★	★★★★

단지명 의정부역센트럴자이&위브캐슬

동	세대 수	사용승인일	교통	교육	생활편의	일자리	가치실현
의정부동	2,473	2022.07	★★★	★★★	★★★	★★★	★★★

파주시

단지명 운정신도시센트럴푸르지오

동	세대 수	사용승인일	교통	교육	생활편의	일자리	가치실현
목동동	1,956	2018.07.19	★★★	★★★	★★★★	★★★★	★★★★★

단지명 가람마을11단지동문굿모닝힐

동	세대 수	사용승인일	교통	교육	생활편의	일자리	가치실현
와동동	1,956	2010.06.28	★★★	★★★★	★★★★	★★★★	★★★★

하남시

단지명 감일센트레빌

동	세대 수	사용승인일	교통	교육	생활편의	일자리	가치실현
감이동	589	2020.03.12	★★★	★★★★	★★★★	★★★	★★★★

단지명 미사강변한신휴플러스

동	세대 수	사용승인일	교통	교육	생활편의	일자리	가치실현
망월동	763	2015.01.16	★★★	★★★	★★★★	★★★	★★★★

화성시

단지명 e편한세상반월나노시티역

동	세대 수	사용승인일	교통	교육	생활편의	일자리	가치실현
반월동	1,387	2017.02.23	★★★	★★★	★★★	★★★★	★★★

단지명 동탄역시범한화꿈에그린프레스티지

동	세대 수	사용승인일	교통	교육	생활편의	일자리	가치실현
청계동	1,817	2015.09.25	★★★★	★★★	★★★★	★★★	★★★★

6대 광역시, 세종특별자치시

광주광역시

단지명 그랜드센트럴

동	세대 수	사용승인일	교통	교육	생활편의	일자리	가치실현
계림동	2,336	2020.09.08	★★★★	★★★★★	★★★★	★★★★	★★★★

단지명 중흥2단지

동	세대 수	사용승인일	교통	교육	생활편의	일자리	가치실현
치평동	1,108	1997.12.27	★★★★	★★★★★	★★★★	★★★★	★★★★

대구광역시

단지명 두산위브더제니스

동	세대 수	사용승인일	교통	교육	생활편의	일자리	가치실현
범어동	1,494	2009.12.24	★★★★	★★★★★	★★★★	★★★★	★★★★★

단지명 수성롯데캐슬더퍼스트

동	세대 수	사용승인일	교통	교육	생활편의	일자리	가치실현
수성동	979	2015.08.28	★★★★	★★★★★	★★★★★	★★★	★★★★

대전광역시

단지명 도룡SK뷰

동	세대 수	사용승인일	교통	교육	생활편의	일자리	가치실현
도룡동	383	2018.08.27	★★★	★★★★	★★★	★★★★	★★★

단지명 문지효성해링턴플레이스

동	세대 수	사용승인일	교통	교육	생활편의	일자리	가치실현
문지동	1,142	2017.04.26	★★★★	★★★★	★★★	★★★★	★★★

부산광역시

단지명 부산광안쌍용예가디오션

동	세대 수	사용승인일	교통	교육	생활편의	일자리	가치실현
광안동	928	2014.11.28	★★★★	★★★★	★★★★	★★★	★★★★

단지명 해운대힐스테이트위브

동	세대 수	사용승인일	교통	교육	생활편의	일자리	가치실현
중동	2,369세	2015.02.02	★★★	★★★★	★★★★	★★★	★★★★

세종자치시

단지명 가온마을1단지힐스테이트세종2차

동	세대 수	사용승인일	교통	교육	생활편의	일자리	가치실현
다정동	1,631	2018.03.29	★★★	★★★★	★★★	★★★★	★★★

단지명 첫마을6단지힐스테이트

동	세대 수	사용승인일	교통	교육	생활편의	일자리	가치실현
한솔동	1,388	2012.06.08	★★★	★★★★	★★★	★★★★	★★★

울산광역시

단지명 지웰시티자이 1, 2단지

동	세대 수	사용승인일	교통	교육	생활편의	일자리	가치실현
서부동	1,371	2023.05.31	★★★	★★★★	★★★★	★★★★	★★★★

단지명 문수로2차아이파크2단지

동	세대 수	사용승인일	교통	교육	생활편의	일자리	가치실현
신정동	488	2013.12.31	★★★★	★★★	★★★★	★★★★	★★★

인천광역시

단지명 더샵센트럴파크1차

동	세대 수	사용승인일	교통	교육	생활편의	일자리	가치실현
송도동	729	2010.11.17	★★★	★★★★	★★★★★	★★★	★★★★

단지명 우성2차

동	세대 수	사용승인일	교통	교육	생활편의	일자리	가치실현
연수동	2,044	1995.02.27	★★★★	★★★★	★★★★	★★★★	★★★★

KI신서 10887
뉴스에서 절대 말하지 않는 K-부동산 팩트체크

1판 1쇄 인쇄 2023년 4월 12일
1판 1쇄 발행 2023년 4월 26일

지은이 표영호
펴낸이 김영곤
펴낸곳 (주)북이십일 21세기북스

콘텐츠개발본부이사 정지은
인생명강팀장 윤서진 **인생명강팀** 최은아 강혜지 황보주향 심세미
디자인 표지 섬세한곰 **본문** 홍경숙
출판마케팅영업본부장 민안기
마케팅2팀 나은경 정유진 박보미 백다희
출판영업팀 최명열 김다운
제작팀 이영민 권경민

출판등록 2000년 5월 6일 제406-2003-061호
주소 (10881) 경기도 파주시 회동길 201(문발동)
대표전화 031-955-2100 **팩스** 031-955-2151 **이메일** book21@book21.co.kr

ISBN 978-89-509-4868-9 03320